歴史文化ライブラリー

373

名づけの民俗学

地名・人名はどう命名されてきたか

田中宣一

吉川弘文館

目　次

モノの名前―プロローグ …… 1
なぜ名前が必要か／名づけ的命名と名のり的命名

物に名をつけること

命名の研究 …… 8
柳田国男の業績／「分類習俗語彙」／柳田以後の命名研究／名の体系と構造

言葉の力 …… 24
数字と言語／忌み言葉／言霊信仰／祝いの言葉／呪文・唱え言

生活から地名が生まれる

地名への関心 …… 40
地名由来譚／漢字表記される地名／地名への関心／柳田国男の地名研究／利用地名／占有地名／分割地名／山口・千葉らの研究／谷川健一の研究

山の名前―雪形から山名へ …… 54
山名について／駒ケ岳／自然暦と雪形／爺ケ岳・僧ケ岳など
川の名前 …… 66
流域で異なる名／川筋の地名
海の名前 …… 75
ナダ・ヘタ・イソ・オキ／海面下の地名
耕作地の名前 …… 80
耕作地名の多さ／名前の傾向
災害と地名 …… 84
地名が語るもの／「末の松山波越さじとは」

地域名の展開

公的地名―国・郡・郷・村の名 …… 90
旧国名／支配者による土地支配／近代の県・郡・市町村
新しい公的地名 …… 98
都道府県名／市町村名／採用されなかった地名／願いを込めた地名／名のり的命名の増大／地名の分類

家の名、人の名
家　の　名……120
氏と姓／名字・苗字／苗字を持てない人びと／戸籍と苗字／屋号／家紋・家印
名前と人格……136
名前の機能／祖名継承と通字・系字／実名の敬避／戒名など
近代の名前……148
名前の固定／現代の生児の名前／名前の流行と戦前・戦後
名づけの民俗……154
名づけの時期／名前をつける人と方法／名づけの祝い／特徴的な名前
さまざまな命名
風　の　名……170
風とのかかわり／風位の共通する風名／風位の異なる風名
魚　の　名……182
『日本魚名集覧』／共通魚名・限定魚名／タイの名／オコゼの名／山の神とオコゼ／成長段階名

蝸　牛……198
カタツムリを昔はどう呼んでいたか／方言周圏論／蝸牛への命名

大　学　名……207
所在地の名／建学の精神／創立者名／年号

現代の命名事情―エピローグ……213
命名の新旧／今後の課題

あとがき

参考文献

モノの名前――プロローグ

なぜ名前が必要か

山岳のひしめくわが国で最も多い山の名は何かと思って、試みに手元の『日本山岳ルーツ大辞典』（竹書房刊、平成九年）の索引に当たってみた。烏帽子《えぼし》山（もしくは烏帽子岳）・丸山・国見山（岳）などが目をひき、権現《ごんげん》山（岳）や天狗《てんぐ》山（岳）もけっこう多い。山の姿が目に浮かんだり、ひとつふたつの伝説がすぐ想像されるような山名である。

地図上で知っていた岐阜と福井の県境にある冠山《かんむりやま》を、著者は近くの峠を越えるさいに見るまでは、冠という字から西洋風の王冠形をした山だとばかり思っていた。ところが、目の前に現れたのははっきり烏帽子の形をした美しい岩山だったので、妙に納得した記憶がある。先の辞典によると冠山も全国に少なくないのだから、それらの多くがこのように烏帽子の形であれば、烏帽子山（岳）系の名は他を圧倒していることになる。

四周を海に囲まれたわが国には島も多いので、同じような興味から『島嶼《とうしょ》大辞典』（日外アソシエーツ社、平成三年）に当たってみた。これはもう断然、大島と小島が他を引離している。つづいて黒島や松島、弁天島などが多い。

人がモノに名前をつけたり、名を尋ねたりするのは、そのモノにさまざまな意味で関心を抱くからである。関心あるモノをその名とともに記憶にとどめ、他のモノから区別するとともに、そのモノについて人びとと認識を共有するためである。たといモノが存在していても、人に関心を示されず認識の意思を持たれることがなければ、そのモノは単に自然の一部として存在しているにすぎない。関心を示され名を付されたり名を知られることによって、モノははじめて人の世界に位置を占めることになるのである。

農家の人は年間に多くの作物を栽培し、稲にしろ大根にしろ細分類の品種名まで知悉《ちしつ》しているのに、同じ田畑に生育する非栽培の植物は、常に目にしていても、ほとんど雑草の語で一括りにしようとする。認識の必要性を感じないか、雑草という認識だけで充分だと思っているからであろう。よく見ると雑草も、季節がくると可憐な花を咲かせてアピールしているのだが、おおかたの人にとっては無用なモノで、名前など関心を持たれていないのだ。

同じように、建築の用材を扱う林業者や木材業者にとって、檜《ひのき》や杉など建築用材として有用な幾種類かの樹木以外は、一様に雑木として関心を示されない。一方、彼らに雑木扱いされる小楢《こなら》や櫟《くぬぎ》などは、かつての薪炭生産者には、どの山のどのあたりの小楢・櫟の伐採適期はあと何年ぐらいであるとか、家庭用薪炭には何の木、鍛冶職用の木炭には少しぐらい爆《は》ぜても火力でまさる何の木が最適である、というようにしっかりインプットされており、十把一からげの雑木などではまったくない。

渓流魚のアマゴは山間の人びとには蛋白源として貴重で、その成長に無関心ではいられなかった。民俗学者の桜田勝徳《かつのり》によると、今ではダムに沈んでしまった岐阜県揖斐《いび》郡の旧徳山村では、アマゴを稚魚から成魚まで、次のように名を替えて弁別し伝承していた。

まず小豆を二つに割った程度の小さいものをタマゴと云い、それが稍《やや》大きくなったもの（春時分）をコッツンと呼び、長さ二、三寸になるとハヨと云い、それから大きくなってシラ、それが更に大きくなってアマゴ、アマゴの産卵後のものをスリボケといい、産卵後も長く死なずに残っているものをハネカヤリという。（『美濃徳山村民俗誌』)

山間における、かつて目に一丁字《いっていじ》もなかったであろう人々の命名であるが、何という細やかな観察眼、豊かな言語感覚であることか。コッツンとかスリボケなどなかなかユーモラスな表現で、その姿が目に浮かぶ。関心のあるモノは、驚くほどの細心さで観察し、名前をつけて記憶にとどめていたわけである。

このように命名とは、あるモノを他のモノと区別するために、短い的確な言葉で説明しようとする行為である。対象物を人々がいかに認識しているかの言語的表現なのである。逆にいえば、モノの名から人びとのモノへの認識の仕方や、万物とのかかわりを知ることができるのである。

名づけ的命名と名のり的命名

モノに名前をつけることを民俗学では、新語の作成すなわち造語行為と、その受容、定着という視点でとらえてきた。そして従来の研究は、主として対象の特徴のとらえ方とその表現の適切さ、妥当性の分析に目を向けてきた。命名の適切さへの驚きや共感が研究を推進してきたように思われる。また、地名から土地利用の変遷を探ったり過去の出来事を推測するなど、語が内包する過去の事跡の追究にも力が注がれてきた。いずれも有意義な研究で大きな成果を挙げてきたのであるが、これらは要するに、語のなかに命名者・造語者およびそれらの語の受容者が、対象をどのように認識し解釈していたかを探ろうとする研究であったといえる。

これに対し著者は、対象の単なる解釈ではなく、命名という行為から、対象への期待とか抱負をもみることができるのではないかと考えている。たとえば、生児に健一、翔太とか美智子と命名するのは、目の前の生児の解釈の結果であるはずはない。とにかく健康に育ってほしい、元気で飛翔するような人間になってほしい、美しく智恵のある女性に成長してほしいという、命名者（主として親）の期待・願望の表現なのである。

近年の新しい地域名には、全国的に希望が丘とか青葉町というようなのが多い。希望という抽象語は事実への命名として用いられているのではなく、その地への期待もしくは住民の抱負、あるいは決意の表出としての表現であろう。青葉町も同様である。すでに緑に包まれた美しい所も多いであろうが、そういう事実よりも、緑あふれた環境のよい地でありたいという願い、あるいはそのような地域にしたいという住民の抱負と決意が、そのような名前を導きだしているのである。希望が丘も青葉町もその地域についての、住民によるいわば言挙げなのである。

さらにいえば、建学の精神を標榜している学校名も言挙げであるし、政党名に籠めようとしているのは、決意や抱負以外のものであるはずがない。商品名にはこのような命名が少なくなく、言挙げとしての命名は各方面におよんでいるのである。今後さらに多くなっていくことであろう。

命名は総じて名づけではあるのだが、右のようなことから筆者は、モノの観察・解釈の結果として表現されている名前を「名づけ的命名」、期待感とか決意や抱負の滲《にじ》みでた名前を「名のり的命名」と呼んでいるのである。

従来の命名研究は、名前は眼前するモノの形状や性質の観察と解釈の結果だとの思いが先にたち、それらの名と、願望や期待や抱負・決意にもとづく名とを、明確に区別して考えようとする問題意識が稀薄だったのではないであろうか。他との弁別のためや、人びとと認識を共有するために名をつけようとする点では同じであっても、二つの命名行為は、対象との関係、動機や目的において明らかに二大別できるのではないか、そして今後は後者の命名が圧倒的に主流になっていくであろうというのが、本書におけるこれからの著者のささやかな主張である。

物に名をつけること

命名の研究

名前の研究は各分野において、これまで地名や人名、草木虫魚名、気象名、商品名などに多くの精力を注ぎ、成果を挙げてきた。日本民俗学からする名前の研究は、名前そのものへの関心のほかにさらに、命名、すなわち名前のつけ方とその受容のされ方ということをも視野に入れ、人びとが日々の生活において一つひとつのモノの形状や性質をいかに理解しようとしていたかを考察してきた。命名研究をとおして人びとのかつての認識や伝承の仕方など、日々の営みの解明に努めてきたのである。

柳田国男の業績

地名については早くから興味を持たれていたが、民俗学が命名の諸相に強い関心を抱きはじめたのは、昭和初期である。柳田国男は民俗学の調査採集という観点から、民間伝承を有形文化、言語芸術、心意現象の三部に分類したが、そのなかの言語芸術の一つとして、人々の新語作成にあたっての伝承的心意や言語能力の問題を説いた。主として口頭で伝承される謎、諺《ことわざ》、民謡、昔話、伝説などと並べて、モノへの的確な命名と新たな名の受容定着のあり方のなかに、言語にまつわる集団の芸術観をみようとしたのであった。さらに言語芸術の同義語として、フランスの民俗学者ポール・セビオの la littérature orale にヒントをえて口承文芸という術語を使用し、機会あるごとに造語法とか命名技術について繰りかえし説き、創見に満ちた有益な議論を展開させたのである。

いかなるモノにいかなる必要があって何と命名したのかという問題、そしてその名前には、人々の生活のありようや直感力、感受性、判別力、表現能力、さらには意思力や倫理観が表出されている。近代以降はこれに政策もからまってきているのだから、命名は単なる口承文芸の範疇にはおさまりきらない、さらに大きな文化現象である、と著者は考えているのである。

柳田は明治末期から大正初期の、研究生活の比較的早い時期において、伝説研究などとともに地名の研究に大きな関心を抱いた。そのときの関係論考は昭和十一年（一九三六）

に『地名の研究』としてまとまるのであるが、『地名の研究』に収載された諸論考は、地名そのものの発生についての考察と、個別地名の由来を問おうとする内容とに大別できる。前者では、地域の開発が地名を求め、開発のあり方とか地形が地名に反映しているのだと説くのである。後者では前者の考察を念頭に置きながら、全国に比較的多い地名を取りあげ、その比較検討によって個々の地名の由来と変遷を明らかにしようとした。それまでの吉田東伍《とうご》の『大日本地名辞書』（明治三十三〜四十二年）などとは異なる視点に立つ新しい地名考察で、その後の研究に大きな影響を与えることになったのである。

野草・野鳥・虫類の名前にも関心を寄せ、『蝸牛考《かぎゅうこう》』（昭和五年）や『野草雑記』『野鳥雑記』（ともに昭和十五年）を著している。そのうち『蝸牛考』の学問的意味は、蝸牛の方言（ナメクジ・ツブリ・カタツムリ・マイマイ・デデムシなど）が、日本列島の南北相離れた地域同士で意外に一致していることをつきとめ、そこから言語の伝播の仕方を推量して方《ほう》言周圏論《げんしゅうけんろん》を唱えたことにある。同時に、児童たちのカタツムリに注ぐ興味と直感力がいかにそれらの命名に結びついているかをも、決して見逃すことはなかったのである。蝸牛の方言と方言周圏論については、さらに、後述の「さまざまな命名」においてふれる。『野草雑記』『野鳥雑記』も、日々目にする野草や周囲に飛来する野鳥についての独特な生態記であるとともに、それらの名前には、先人の少年少女時代からの長年にわたる細やかな観察という土台があるのであり、野草や野鳥との親密な交渉の歴史が背景をなしているのだ、というのである。野鳥や野草と人とのかかわり方を見つめ、それらが命名といかに深く結合しているのかを説く書となっている。

風の名にも関心を持ち、「風位考」をまとめている。風は農民には厄介な自然現象であるが、海にかかわる人びとにとっては活用すべきエネルギーである。ともに、災厄をもたらしかねない恐ろしい現象でもあるので、無関心でいることは許されない。それゆえ、風位や風力に敏感で、豊富な風名を伝承してきた。風名については、「さまざまな命名」において述べたい。

モノの形状に対する観察眼や言語感覚を問題にするにとどまらず、命名から、背後の社会経済上の大きなうねりをも探ろうとした。名字や屋号の研究においてもそうであるが、まずは、大正時代まで全国で使用されていた千歯扱き《せんばこ》（千把扱き）という米麦の脱穀具についての議論を紹介しておこう。

千歯扱きは、江戸時代前期に上方で使用されはじめたという。千歯扱きの普及は、それまで扱き箸のような簡易な用具に頼り、老寡婦《ろうかふ》（いわゆる後家）などをも重要な働き手としていた脱穀という作業を、飛躍的に能率化させた。その結果、老寡婦のなかには仕事を失って生活に困窮する者が少なくなかったらしい。いまふうにいえばリストラされる老寡婦がつぎつぎと出たのである。こうした現象を柳田は、千歯扱きが少なからぬ地域においてゴケダオシ（後家倒し）・ゴケナカセ（後家泣かせ）と呼ばれていた事実から推測しようとしたのであった。鋭い洞察である。

このほか『国語史・新語編』（昭和十一年）など言語（国語）に関する多くの著作において、新語が求められ作成された時代背景や、作成者の自由な認識と批判意識、そして新語を選択し受容する人びとの言語感覚などについて、精力的に論じたのである。同書では、日本語に形容詞の少ないことを指摘し、その不便さを、的確な形容の語を生みだすように努めるのではなく、名状しがたいとか何々的と表現してすませようとしていることを嘆いているが、このような傾向は現在にもあてはまることではないであろうか。

「分類習俗語彙」

さらに柳田は、数々の「分類習俗語彙」を編纂し執筆した。これは、地域の生活のさまざまな局面で用いられる的確な表現を、分野ごとに集積した資料集で、単に形のある物だけではなく、行為やまとまった行事までが取りあげられている。編纂にあたっては、モノについての地域ごとの言語表現（民俗語彙）を大切にし、モノを担っていた人びととの認識を尊重した資料集になっている。『歳時習俗語彙』（昭和十四年）、『分類山村語彙』（昭和十六年）、『族制語彙』（昭和十八年）など多数にのぼるこれら「分類習俗語彙」の編纂は、各地の民俗資料の集積が進んで全国的な比較研究がようやく可能になったかと思われる昭和初期に始められた作業である。その意図は、昭和三十一年に、柳田が主宰した（財）民俗学研究所編の『綜合日本民俗語彙』（全五巻）として、一応の達成をみている。

命名研究を主目的にした資料集でないとはいえ、言語表現をとおして、人びとが物や行為・行事をどのように認識していたかを知るには、またとない資料集である。いま命名研究という視点からこれらを読みなおしてみると、じつに興味深い。

事例を挙げればきりがないのだが、たとえば年神棚をホウネンダナ（豊年棚）と呼んでいることから、その地域では正月には豊作をもたらしてくれる神の来臨を期待していたことがわかる。秋田県男鹿《おが》半島のナマハゲのような小正月《こしょうがつ》の訪問者行事が、各地でホトホトとかコトコトなどと呼ばれていることから、人びとが儀礼的来訪者の訪れの音にいかに耳をすませており、それが行事の名に直結したかもわかるのである。ナマハゲの語も、脛《すね》に火斑《ひだこ》をこしらえるほどいつも囲炉裏《いろり》で暖をとっている怠け者をこらしめるために、火斑を剝ぎ取ってやろうと叫び脅かす言葉が印象的であったことからきた行事名だと、説かれている（以上、『歳時習俗語彙』）。

縁談成立の約束とか祝いを、少し前までは、タルイレ（樽入れ）・タルオサメ（樽納め）・タルビラキ（樽開き）などと呼んでいる地域がけっこう多かった。一般に意思の疎通を確かにするためには一緒に酒を飲んだり食事をしたりすることが多いが、その場合もっとも中心になるのは酒であろう。縁談の締結を、タルイレなどという酒の容れ物である樽の受け渡しで表現している地域が多いのは、この社会行為の実態が何であるかを示すじつに適切な命名だったかと思われる（『婚姻習俗語彙』）。

岩手県を中心に、かつてカマドモチ、オヤカマド、カマドナリ、ケライカマドなどということがよくいわれていた。いずれも、本分家の間柄を表現した語である。カマドモチは本家のこと、オヤカマドは本分家の集団、カマドナリは新たにカマドを設けることで分家すること、ケライカマドは下男が分家させてもらった家のことであった。カマドは竈のこととかとされ、食事という生命維持にとって最も基本的な事柄を司る施設である。本家や分家を竈を所持しているとか、竈をなさしめるというのは、家の中心がどこにあるかを語っている命名といえよう。ちなみに、家が破産することは、〝カマドヲカエス〟と表現していたのである（『族制語彙』）。

このように「分類習俗語彙」には、古典語や現行共通語とはまた別の豊かな日本語が満載されているのである。

柳田の命名研究は、命名の結果としての名前への関心にとどまらず、その背景にある老若男女の日本人の造語力の考察にあった。そして、取りあげている語は名詞にとどまらず、動詞や形容詞、副詞、代名詞、さらには間投詞にいたるまで、さまざまな単語におよんでいるのである。

柳田以後の命名研究

柳田以後の命名研究の一般的傾向は、名詞を中心としたものになり、名詞のなかでも固有名詞である地名と人名についての関心が高い。

柳田との共著にはなっていても、ほとんど関敬吾の単独執筆かと思われる『日本民俗学入門』（昭和十七年）の「命名」という項目では、読者に対して、もっぱら家名・人名・地名に関心を持たせるような記述がなされている。同書は、民俗調査にあたっての質問例示集というべき書物で、村組織や生業、婚姻、年中行事などと同列に、命名にも一項を充てているという意味において命名への関心には高いものがあり、評価できる。それだけに今から考えると、もっと多様なモノに対する命名への関心があってもよかったのではないか、と思われる。

渋沢敬三の『日本魚名集覧』（昭和十七～十九年）は、命名を魚名に絞って考えた出色の研究である。「魚名は人と魚との交渉の結果成立した社会的所産である」との基本認識のもと、日本各地に伝承されている厖大な魚名の収集と整理を行なったあと、魚名というものの成立から説きはじめ、魚名の地域分布的特色、名称の分類と特徴、成立の経緯と社会経済的要因、魚体の成長に伴う名称の変化、魚体の部分名などについて考察してある。四周海に囲まれた日本列島各地の人びとが、いかに深く魚と交渉を持ちつづけてきたかを、魚名に焦点を定めて説こうとした、それまでになかった成果である。魚名については、「さまざまな命名」において述べたい。

植物名についての川名《かわな》興《たかし》の考察は興味深い。川名は玉置和夫の沖縄県八重山群島新城《あらぐすく》島における先行研究を参考にしながら、千葉県の植物方言のなかに、イヌザンショウとオジイサンサンショウ、ヒメウツギとオンジイウツギ、トコロとオジヤマイモというように、本物に対して、本物とよく似ているが本物ではないものにオジイとかオンジイをつけて呼ぶ例を指摘している。正月飾り用のウラジロに対しても、ウラジロノオジサンという似た植物があるという。魚や貝にもあるそうで、カワハギに対して、それよりやや劣るウマヅラハギをオジサンと呼んだり、サザエに類似するハリサザエをサザエノオジサンと呼ぶ例も紹介している。その上で、オジイ・オンジイというのはかつての家制度において次男以下の者を指す語であるのをもじり、本物に対する類似品にオジイなどと命名したのだと述べている。人からみた植物や魚類の有用性に人間社会の秩序名を反映させた命名であり、人と植物や魚類との交渉史の一面を命名にみてとることができるのである。

ナンジャモンジャというのは、名前のよくわからない不思議なものというような意味の語であるが、関東地方を中心にこれを樹木名としている地域がある。長沢利明によると、実際にはクスノキ類、モクセイ類、ニレ類が多く、これらは一般に温暖地からの流入種であり、はじめて接したときの不思議さが名前に反映したのであろうという。これも人と樹木との交渉を語っている命名である。

このほか、桜田勝徳の、船名の考察（「船名集」）を挙げることもできる。たとえば磯物採取というような小規模漁に用いる小さな船をイソミ（磯見）と呼んだり、漁場から活魚のまま市場へ急いで運ぶために工夫された船を、生きた魚を運ぶという意でナマブネとか、塩をしていない魚を運ぶというのでブエンダテ（無塩だて）と呼んでいる地域があった。山形県の飛島《とびしま》では、貯えておいた魚類や海草を船に積み、対岸平野部の田植えの始まるころにいっせいに出帆して田植え魚として農家の得意先に売り歩いたというが、このときの船をサツキブネ（五月船）と呼んでいたのである。サツキとは旧暦五月のことで、サツキメシ（田植時の食事）・サツキタヤスミ（田植終了後の休み）など田植関係語として用いられることが多い。早乙女《さおとめ》も同系の語である。サツキブネは、農村と漁村の交流が凝縮された命名といえる。このように船には、氷川丸とか龍神丸のような個別の名とは別に大小・形状・構造・用途などの特徴をとらえた、各地各様の呼び分け方のなされていたことがわかる。

このほか、山口貞夫「沿海地名雑記」（昭和十五・十六年）、藤原与一『日本人の造語法』（昭和三十六年）、谷川健一編『地名の話』（昭和五十四年）、千葉徳爾『地名の民俗誌』（平成十一年）など、さまざまな命名に関する少なからぬ論考や書物がまとめられて、民俗学からする命名研究は進んだ。

方言学者の藤原は同書において、たとえば実の時という二語からなるジツノトキの語で新たな農繁期を意味させる（香川県）というように、さまざまな語を複合させていく造語法について考えた。雪割草、月見草、噛み切り虫などは、複合という造語法が命名に生かされた例であり、地名にも多い。谷川や千葉の研究では、地名と実生活との関係にも充分に注意が向けられているので、次の「生活から地名が生まれる」において取りあげるつもりである。

「分類習俗語彙」の系統をひく成果としては、日本建築学会の民家語彙収録部会が編纂した『日本民家語彙集解』(日外アソシエーツ、昭和六十年)がある。民家とか屋敷地の部分名を多く収集し、その語の使用されている地域を示しつつ解説したもので、地域における住まいへの認識や建物の利用の仕方が、名づけのなかに籠められていることがよくわかる。カッテ・ザシキ・デイ(出居)などの語は、同じ名称でも指す部屋が地域によって微妙に異なる場合があり、エビス柱も指す柱が地域によって幾通りかに分かれていたことが明らかにされている。

このように、民俗学の長年の命名研究は、名前の言語的考察にとどまらず、モノと言葉と生活の関連という視点から研究に取組んできた。

現在の民俗学においても、相次ぐ町村合併や住居表示の変更などによって、由緒ある地名が忘れられつつあることへの危惧が抱かれているとはいえるが、民俗学からする命名研究が、近年、活発であるといいがたいのは残念である。そのかわり、各種民俗誌や民俗調査報告書などの作成をとおして、静かに資料の蓄積にエネルギーの注がれていることは評価されてよい。その過程でまとめられた一定範域における地名の諸相や地名総体への考察も、評価されてよいであろう。

国語学者である森岡健二も命名研究に積極的に取組んでおり、その成果は山口仲美との共著『命名の言語学―ネーミングの諸相―』にまとめられている。そのなかの山口執筆の各種学術用語や売薬名の変遷の考察など、興味深い内容で啓発されるが、個々の成果はさておき、ここでは命名研究にとって考えておくべきこととして、同書の第一部第二章「名の体系と構造」の述べんとすることを簡単にたどっておきたい。

名の体系と構造

名の持つ概念の範疇には大小の違いがあり、それを同書では、植物学の分類法にヒントを得て、図1のような抽象度に応じた段階づけをして考えようとしている。

図1のうち、生物や動物、植物という抽象度の高い語は、同一言語を用いる者同士には所与の語であり、命名の問題を超越してすでに存在している語なのでここでは考えないでおく。一次名はそれよりはいくらか具体的であるが、これも日常語としては所与のものである。幼児はまずこの一次名レベルの単語から習得することが多いという。確かに幼児にとっては飼犬でも捨犬でも、柴犬でもシェパードでも犬は犬であるし、松や杉も同じよう

に木である。このような認識は幼児にかぎることではなく、大人でも、犬や樹木にまったく無関心な人にあっては同様であろう。

二次名は、飼い主がなく餌を求めてしょぼくれて歩くのら犬を、ほっつき歩き犬、宿なし犬、自由行動犬などと呼ぶことも可能ななかで、のら犬と表現するのはそれなりの言語感覚のしからしむるところで、二次名は命名研究の対象となるであろう。

一次名までは特に解説しなくても一般社会において多くの人に通じる名で、表示性を重視した名になっているが、二次名とくに三次名以下になると、しだいに限定されたモノを対象にしての命名となるので、表現性を強調した名前が多くなるという。固有名詞そのも

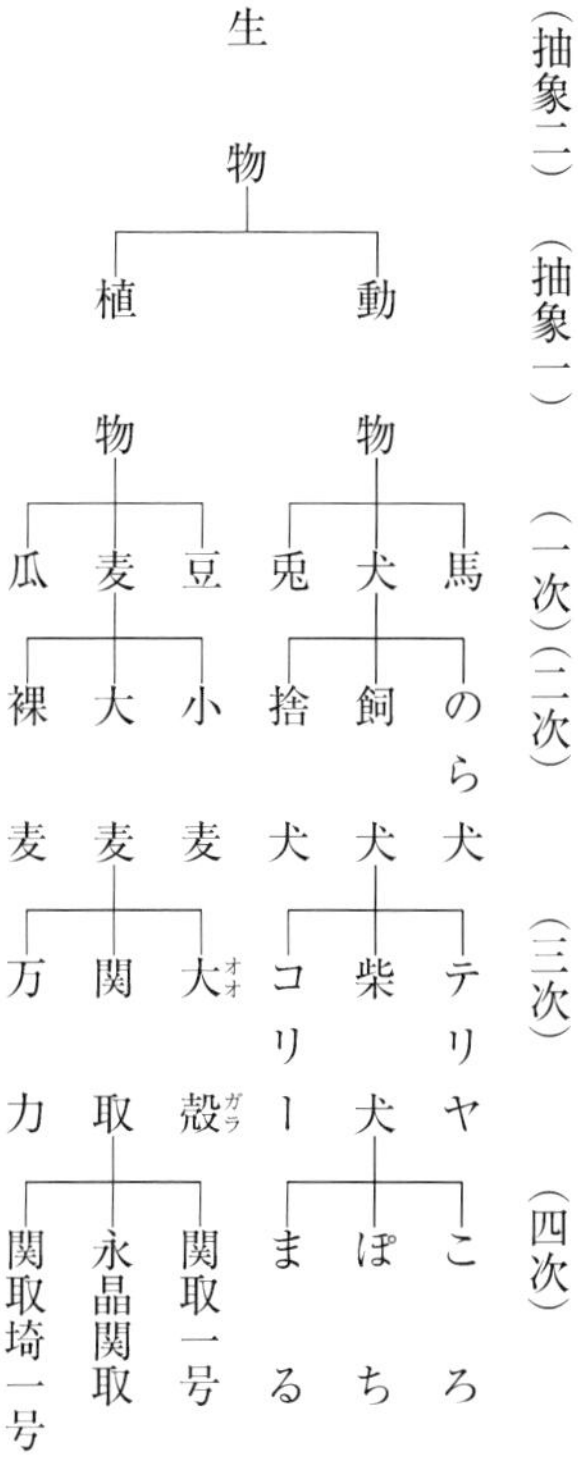

図1　名の体系（森岡・山口『命名の言語学』より）

のか、固有名詞に近づいたものになってくるのである。語の系統はなるほどこういうふうに整理することができるのだと思う。後述するように、タイという魚の名は、マダイのほかイシダイ・キンメダイなど二〇〇ほどの魚についているが、タイと何々ダイとの関係もこれと同様であろう。

ところで、従来の命名研究は、造語法とのかかわりで考える傾向が強かったので、森岡のいう二次名もしくは三次名以下の命名の的確さや命名の由来が問題にされてきた。それはそれでよいのである。ただしかし、木や草を一次名とすると、二次名である檜や小楢などというような樹木を、雑木として一括りして命名への関心を示さない樹木認識、あるいはオオバコとかナズナ（ペンペングサ）などの野草を雑草などと一括りにして、ことさら二次名以下の個々の名前に関心を示そうとしない心性をも、今後は命名研究の一環に組み込むようにしなければならないと思う。

繰り返すようだが、名前にはモノへの理解の仕方や認識の程度が反映されているのだから、名前に関心を示さないのは、そのモノを認識しなくてもかまわない生き方、そういう文化だからである。たとえば、微妙な風にもいちいち反応する漁師や船乗りと、そうでない多くの農民や現代サラリーマンとの違いは、風という現象に対する自然観の相違として考えてみてよい。また、繊細な虫の音を聞き分けて虫名を知っている文化と、そういうものに関心を示さず命名しない文化などもある。

また、二次名・三次名・四次名へという細分化が熱心に行なわれているのはどういうモノに対してであり、一次名とか、せいぜい二次名までですませて、さほど細分化の必要が感じられないのはどういうモノなのかということも、造語法とはまた別の問題として問われなければならない。本書では残念ながらそこまでは考察できないが、ここまでくると命名研究はもう、単に言語芸術とか口承文芸への関心だけでは囲いきれなくなるのである。

言葉の力

数字と言語

命名の目的が、単にあるモノを他と区別したり他の人と認識を共有するためだけならば、極端なことをいえばその名は、一、二、三でも1、2、3でもよいであろう。甲、乙、丙、丁でもよいし、A、B、C、Dでもかまわないだろう。12、甲Aとか、A1・一1などと組み合わせていけば、いくらでも多くのモノを区別することが可能となる。しかしわれわれは、現実にはそのようにしていないのである。

何々1号・2号（たとえば列車名の「あずさ3号」「ひかり245号」）のように命名されているものはあるが、名前としては何々の部分にウェイトが置かれているわけで、数字はそれを限定するものでしかないと思われる。大学で学籍番号AL1234として特定の個人を指したり、国民総背番号として話題になっている共通番号制度（マイナンバー制度）で、１２３４５……などとして全国民中の唯一の個人を特定したり、何々一丁目２―３などとして特定の土地を指したりする場合、数字も語も機能としては確かに同じではあるが、数字の部分を個人名とか地名ととらえる人はいないのではないだろうか。名前は単なる記号とは異なり、あくまでも言語として意味づけられていなければならないというのが、多くの人の共通理解である。そこには言語が秘める力への信頼がある。

ただ、数字が固有名詞としての意味を持つ場合も当然ある。旧制高等学校のナンバースクール、すなわち第一高等学校から第八高等学校までの数字は創立順を示すものではあるが、それ自身が固有名として、一高、八高というふうに意味を持っているからである。血液型のＡ型・Ｂ型のＡやＢも固有の名前だといえよう。

言語は、どの音声ないしはどの文字表現が何を表わすかの約束が相互に了解されていることを前提にした上で、話し手ないし書き手が、聞き手ないし読み手に意思とか知識を伝達するために用いられる。その点で言語は一つの記号であり、伝達の道具ではある。

しかし言語は、往々にして、伝達という機能から遊離した意味を持つことがある。卑近な例を挙げれば、病院の四号室や観光バスの四号車である。この「四」は機能としては本来1からnまでの順番の一つを示すにすぎないのだが、四はシの音も持つことから死に通じると解されてしまうことがそれである。その結果、病室や観光バスの表示としては縁起でもないとされて、一般に使用が避けられている。葦《あし》という植物は悪しと解されかねないのでわざわざよしと言い替えたり、婚礼などのめでたい席において、終わるという表現を避けてお開きにするなどというのも同様である。梨のもつ無しの音を避けて有りの実というのなど、みな同じである。

このように使用を避けようとした言葉や、その代わりとして言い替えられる言葉を忌《い》み言葉といい、生活のいろいろな場面で注意がはらわれている。人名の選択や新しい地名の創出、会社や学校への命名、新開発の商品への命名の場合にも、このことは慎重に考慮されているはずである。

忌み言葉

忌み言葉については、事例を挙げていけばきりがないが、もう少しだけ述べておこう。

『延喜式《えんぎしき》』によると、古代の斎宮《いつきのみや》においては、仏という言葉を忌み嫌って「中子《なかご》」、経《きよう》は「染め紙」、塔は「あららぎ」、寺は「瓦葺き」、僧は「髪長《かみなが》」、尼は「女髪長」、斎《とき》（斎《さい》食《じき》のこと）は「片膳《かたしき》」と言うべきだとされていた。また、死のことは「なおる」、病は

「やすみ」、哭《な》くは「塩垂《しおたれ》」、血は「汗」、打つは「撫《な》ず」、宍《しし》（肉のこと）は「菌《くさひら》」、墓は「壌《つちくれ》」と表現し、堂は「香燃《こりたき》」、優婆塞《うばそく》は「角筈《つのはず》」と言い換えていたという。すべて仏教関係の語や穢《けが》れにかかわる言葉であり、これらが伊勢神宮という神域においていかに忌避されていたかがわかる。

時代も地域もまったく異なるが、秋田・山形・新潟県を中心に、近年まで主として熊猟に従事していたマタギと呼ばれる猟師たちが、山の神の支配する聖域とされていた山中においては、犬をセタ、水をワッカ、米をクサノミなどというように、日常的に用いている多くの言葉を、特殊な山言葉というものに言い替えていたことも同様である。もし言い替えを怠ったならば、山中という聖域において日常の穢れた言葉を使用したということになり、神の怒りをおそれて猟仲間から離脱するか、その穢れを厳しい潔斎によって祓《はら》わなければ、ふたたびその猟をつづけることができなかったのである。

マタギほどではないにしても、漁師にも、猿・蛇や四足動物の名など、海上での使用を忌むいくつかの沖言葉が伝承されている。

このほか、商人が擂鉢《すりばち》をアタリバチ、鯣《するめ》をアタリメなどと縁起のよい語に置き換えて呼ぶことがあるように、さまざまな職業や社会集団には特有の忌み言葉が存在している。

一般家庭においても、かつて大晦日は、来臨した神に侍坐して過ごすべき神聖な時間であると考えられてきたために、この夜には就寝することが忌まれていた。しかし子供などどうしても寝なければならない者は、寝るという言葉を発するのを避け、寝るはイネツムもしくはイネオツムという表現に置き換えて、寝るという事実を表現していた地域が少なくなかったのである。

現代の家庭において、受験生のいる場合に、滑るとか落ちるの語を極端に避けようとするのも、同じ心意からである。

言葉にかぎらず何かを忌む心意と行動には、対象となるものが敬うべき畏むべき場合と、何か不吉であったり恐怖を感じさせる場合とがある。この二つは盾の両面をなし本質は同じであるという議論があるのだが、本質論はさておき、斎宮やマタギの忌み詞はその地が神聖な地であるゆえに使用を遠慮する語であり、四号車を忌んだりスリバチとかオチルを避けるのは、その語に不吉や恐怖を感じるからといえよう。

言霊信仰

特定の場面においてある種の言葉を避けようとするのは、言語には意味と不可分の固有の霊力が宿っていて、ひとたび発語されるとその霊力が発現し、現実になると信じられているからである。言語に宿ると信じられているこのような霊力は、言霊《ことだま》だと理解されてきた。言霊の観念は古く『万葉集』にも多くでており、古代においては日本は言霊のさきわう（威力を示す）国だと考えられていたのである。言霊が発現するという信念は言霊信仰と呼ばれ、時代が遡れば遡るほどこのことには神経を使い、多くの場合、恐れていたのである。一笑に付す人が多いかもしれないが、現代人の心にも潜在し、日常生活と決して無縁でないことはすでにいくつかの例を示したとおりである。

数字の四は死を連想させるから避けようとするのだが、当然のことながら、そのものずばりの死ぬという表現は、ことのほか嫌われてきた。死という事実を伝えるのに誰それが亡くなったというのは、亡きという字を用いてはいるが要するにその場からその人が無くなったということで、死ぬという語を避けた言い方なのである。高貴な人の場合にお隠れになったというのも同じである。文章語において逝去と表現するのも、死んだというのを避け、どこかへ逝ってしまったと婉曲的にいっているわけである。

群馬県利根郡あたりでは、かつては死んだという表現を避けて、もぐら捕りに行った、暑いから日蔭に入ったなどと言っていた。あの人もとうとう箕《み》をかぶったというようにも言っていたが、この表現が用いられるのは、土葬時代の墓穴掘りのときに、掘った土を竹製の箕で穴からすくい上げ、あとでその箕を、棺を埋めたあとの土饅頭《どまんじゆう》の上にかぶせておいたからである。

四国・中国地方西部から北九州にかけての多くの地域では、ヒロシマへ行ったとか、ヒロシマへ○○を買いに行ったという言い方によって、死んだ事実を知らせようとしていた。その由来とかヒロシマが広島なのかは必ずしも明らかでないが、この○○の箇所には、鍋・米などその地域によっていろいろな語を入れて言っており、そのなかではどういうわけか煙草の例がもっとも多いのである。ヒロシマへ煙草を買いに行った、という表現が死んだことを意味していたのである。

ほかに井之口章次は、よくなかった・つまらなかった・去《い》んだ・過ぎた・走ったなど、地域によっていろいろな婉曲表現の工夫されていたことを報告している。

このような死という語を避ける理由の解釈の一つとして、死という言葉を発し死の事実を公表することによって、かつて、火車《かしや》や猫又《ねこまた》などという妖怪に代表される邪霊が聞きつけて遺体に入り込むとか遺体を食いに来るということを恐れて、用いないようにしたのであろうと考えられているのである。死体の上に短刀や鋏《はさみ》などの金物を置いて火車や猫又の侵入を防ごうとする呪術は、葬儀屋が介在する現代の葬儀においてもなされるのだから（昔から霊的存在は金物を嫌うと考えられてきた）、なるほどそれも一つの解釈ではあろう。

しかしやはり底流には、死と発語することによって、死という語に宿る霊が発現して周囲に充満し、死という忌むべき同じ事態がつぎつぎに生じるのを懸念する心意があるのではないだろうか。

阿波（徳島県）の泊の岬の海を過ぎるさいに、かつて漁師や船乗りたちは、ハイという語を決して口にするなと言い聞かせられていたという。なぜならばハイは風の名で、このあたりでハイは南から吹くよくない風だとされていたので、ハイと発語すると直ちにハイの語に籠る霊が発現して、時化《しけ》になると恐れたからである。こういう例をみると、死の語を避ける例も、火車や猫又を用心するというよりも、やはり死という事実がつぎつぎに起こるのを憚って、死という語を用いないのだと思われるのである。

死にかぎらず、恐しい霊を宿すと考えられる言葉が他人に向けて発せられると、それは呪詛ということになる。長崎県の壱岐《いき》では海上で四足動物の名を口にするのはタブーであったため、猫三足と言って相手を呪えばその人の漁がなくなるとされていたというし、広島県の豊島では海上での忌み言葉である猿の語を用いて、猿を釣れというのが相手へのもっともきつい罵りの語だったという。

あとで「家の名、人の名」において述べるが、他人の本名の広言を避けようとしていたのも言霊信仰に関係する慎みである。

忌避する言葉ばかりではなく、世の中には発現を歓迎するものもじつに多いのである。歓迎する場合には、歓迎するものの名を大いに発すればよいわけである。

祝いの言葉

かつて正月に訪れてきた万歳《まんざい》の祝言が、そういうものである。万歳や代神楽《だいかぐら》などと同じくかつて門付《かどづ》けをして歩いた芸人に、座頭《ざとう》と呼ばれる僧形の盲人たちがいた。安間《やすま》清《きよし》の『早物語覚え書』（昭和三十九年）によると、これら座頭が、東北地方において正月などのめでたいときに語って歩いた文芸のなかに、「祝いもの」として一括りにしてもよい話があった。「祝いもの」は、一群の物語の最初に語る話だったのかと思われるが、たとえば次のような内容である。

これのだんなは長者也、大黒眉にえみす顔、しかもつむりに福の神、小耳のきわに果報が、しかしかしっかりとくっついたる物語。

それ物語語って候、おうちの旦那様には大福来り、田や山を買うこと限りなし、其の田の実取りを見申せば、二タ手打てば三升なる、三手打てば五升なる、四角四面の倉立てて、末《すえ》富貴万福に、松にゆずり葉の如く、くねんぼの如く、あとは代より代まで、代々万福長者となるようなる物語。

話そのものは、現実とはおよそ遊離した荒唐無稽な内容であるが、この場合、内容の荒唐無稽さは問題とはならない。長者、大黒眉、えみす顔（えびす顔）、福の神、果報など、つぎつぎとめでたい語の発せられるそのことが重要なわけで、おおいに歓迎されたのである。その上、主人には大黒来たりとか、田畑がふえ収穫量が飛躍的にふえて倉を建てるようになるとか、この家は末々富貴万福になり、代々万福長者となるなど、主人にとってもその家にとっても、きわめてあらまほしき姿がつぎつぎに語られている。このようにめでたく語ると、語られる相手側では、語りに用いられている言葉に宿る霊力がその家をおおいつくし、現実そのようになるであろうと考えて喜ぶのである。春からまことに縁起がよい、というわけである。

そもそも祝ったり相手を誉めるということは、相手の喜ぶ、そのようなめでたい言葉を発することなのである。

子供の生まれた家を訪れ、まだ皺くちゃなふやけたような生児の顔を見ながら、現実をそのまま述べる人はまずいないであろう。親に似てしっかりした顔だちをしているとか、鼻筋がとおっていて美男・美人になるであろうとか、賢そうだとか、とにかく親が将来その子になってほしいと願うであろう姿を言葉に出して祝うのであるが、そうすると誉め言葉の霊が発現してその子に感染し、現実化するであろうと喜ばれ、祝いの意味が達せられるのである。この場合、言葉の霊力ということが、そのつどそのつど誉め手と受け手双方に強く意識されているかどうかは別だとしても、喜ばれることは間違いない。これは、嘘も方便といった次元のことがらではない。潜在的にしろ、言葉に宿る霊力を信じる者同士の真実の、そして現代にも通用しているやりとりだといってよいであろう。

結婚披露宴の祝辞として、新郎新婦を一生に一度といってもよいほどの誉め言葉で包みこむことも、同様である。新郎新婦をよく知る友人連が、ときに日頃の悪行を暴露するのは場を和ませるひとつの茶目っ気としては許されるであろうが、とにかく披露宴は、めでたい言葉で満たし二人の門出を祝おうとする一種のセレモニーの場なのだということを、心すべきであろう。

それでは、結婚披露宴における切るとか終わるとか離れるという言葉ではないが、しかるべき場面において間違って他の語を発してしまったらいかなることになるのか。異なる言霊が発現するのであるから、たいへんである。

伝統ある厳粛な場においては、とくに肝に命じなければならないことだった。

たとえば、三橋健『国内神名帳《じんみようちよう》の研究』によると、古社においては祭りにあたって、国内の神々の名を奉唱して来臨を乞う場合がある。伝襲している「神名帳」というものに記されている多くの神名やその神階、鎮座地を奉唱するのである。そのさいにもし誤読したりすると、その語が発現して招請しない神が来臨してしまうと考えられ、はなはだ具合の悪いことになる。そこで、経験を積んだ神職が慎重に奉唱役をつとめるのであるが、それでもなお心配なので神名に読み仮名をつけておいたり、万が一の場合を想定して奉唱役の傍らに聞き手のもう一人の神職を配し、もし誤読の生じた場合には直ちに誤りを指摘し、すぐ訂正できるようにしておいた。その後、時と場合によっては、誤読した奉唱役は罪人扱いされてその場から追放されることもあったのだという。ことほどさように、神名の語に宿る霊というものに神経を使い、厳粛な場面での無用な神の発現を恐れていたのである。

不具合な言霊の発現を抑えるのとは少々異なるが、能において、いったん翁《おきな》の面をつけたシテ方の発する言葉は神の言葉として周囲に影響を与えるので、その能役者は無言を通し、発語にはきわめて慎重であるというのも、言葉に対する思いとしては同じことなのであろう。

子に佳名を与えようと智恵をしぼる親の心情にも、言葉の力への信念が背景にあるのだが、子供への命名については「家の名、人の名」で詳述するつもりである。

呪文・唱え言

呪文や唱え言は神霊へ願いを伝えようとして発せられるのであるが、長年にわたって口頭で伝承されてきたために、語そのものの意味には往々にして不明になった部分が少なくなく、現在の呪文・唱え言は単なる伝達の機能を有するだけであるはずはない。むしろ伝達の機能以上に、その不思議な言葉を発することこそが重要なのであって、発することによって語の宿す霊力の発現を促し、その結果として神霊をゆり動かすことが可能となると考えられているのである。このことは読経《どきょう》にもいえることであろう。経文には確かな意味が存在するのであるが、多くの人にとっては、内容もさることながら、経文を声で発することに意味が置かれているように思われる。

さまざまな呪歌への信頼も、同じものである。

現在、謎や諺はことば遊びとして楽しまれているが、かつては、そのような一つひとつの語の発現に期待を寄せる心意が背景にあったとされている。謎や諺も元来は言霊を背景にもつ発語行為であって、単なることばの遊戯ではなかったのである。

＊

最後に、繰りかえすようではあるが、モノに名前をつけるのは、そのモノを他と区別し他の人と認識を共有するためであるが、当然のことながら命名は言語によってなされる。ただその言語が多くの人を納得させる適切なものでなければ、名前は定着し伝承されてはいかない。そのモノの観察や解釈、認識のありようが、言葉として充分に表現されていることが必要である。したがって名前から、その名の示すモノへの地域やある集団の興味や認識、さらには生活実態をうかがうことが可能となるであろう。一般の地名や動植物名・気象名・用具名などは、おおむねこういう命名の結果といえよう。

命名にはもう一つ、願望や抱負を名前に籠めたものがある。現前するモノの実態にはそぐわなくても、言語の力を信じて、モノをかくあらしめたい、必ずあらしめるとする言挙げの表現としての命名である。人名や新しい住宅地名、商品名などの多くがこれである。この場合には、モノの名前から、その名前を用いている地域なり集団なりの決意をうかがうことができるのである。

生活から地名が生まれる

地名への関心

地名由来譚

『古事記』や『日本書紀』、各種「風土記」や『万葉集』には、地名の由来を説いたり地名の意味を解釈する話が多く含まれている。『古事記』の「崇《す》神《じん》天皇」のところに、国土平定にあたって建波邇安王《たけはにやすのみこ》の反乱を鎮めたさいのできごととして、次のような話がある。

其の逃ぐる軍《いくさ》を追《お》ひ迫《せ》めて、久須婆《くすば》の度《わたり》に到《いた》りし時に、皆《みな》迫《せ》め窘《たしな》められて、屎出《くそい》で、褌《はかま》に懸《かか》りき。故《かれ》、其地《そこ》を号《なづ》けて屎褌《くそばかま》と謂《い》ひき（今は久須婆《くすば》と謂ふ）。又、其の逃ぐる軍を遮《さ》へて斬《き》れば、鵜《う》の如く河《かわ》に浮きき。故《かれ》、其《そ》の河《かわ》を号《なづ》けて鵜河《うかわ》と謂《い》ふ。亦《また》、其の軍士《いくさ》を斬《き》りはふりしき。故、其地《そこ》を号けて波布理曽能《はふりその》と謂ふ。如此《かく》平《たいら》げ訖《おは》りて、参《ま》ゐ上《のぼ》

りて覆奏《かえりことまお》しき。（『新編・日本古典文学全集』〈小学館〉による。次の「風土記」も同じ）

反乱の鎮定を語りつつ、久須婆（屎褌）、鵜河、波布理曽能という地名の由来を説くものとなっている。

久須婆は現在の大阪府枚方《ひらかた》市楠葉《くすは》の地だとされているが、攻め苦しめられた兵士たちが屎をし、それが褌についた場所だというので、このような地名が生まれたというのである。尾籠《びろう》な話だ。波布理曽能とは、相手を斬りすてたところの意で、京都府相楽《そうらく》郡精華町祝園《ほうその》に比定されている。ここの地の柞《ははそ》の森は、古来よく知られた歌枕の地である。鵜河は斬られた敵兵士が鵜のように浮いた河の意だというが、現在地は未詳らしい。地名にかかわるこのような話は、地名由来譚《たん》あるいは地名起源説話、地名起源伝説などと呼ばれている。「風土記」には、地誌としての性格上、地名由来譚が著しく多い。『出雲国風土記』「出雲郡」には杵築《きづき》郷の由来が、

> 八束水臣津野《やつかみずおみづの》の命《みこと》の国引《くにひ》き給《たま》ひし後《のち》に、天《あめ》の下造《したつく》らしし大神《おおかみ》の宮《みや》を奉《つか》へまつらむとして、諸《もろもろ》の皇神等《すめがみたち》、宮処《みやどころ》に参《まい》り集《つど》ひて杵築《きず》きたまひき。故《か》れ、寸付《きづき》と云《い》ふ。神亀《じんき》三年《ねん》、字《じ》を杵築《しょちく》と改《あらた》む。

と、述べられている。杵築の名は、大神の宮殿を築いた場所なので、最初はキヅキと呼ば

れて寸付と表記されていたが、神亀三年（七二六）に杵築と記されるようになったのだと説く。島根県簸《ひ》川《かわ》郡大社《たいしゃ》町（現・出雲市）一帯の古地名で、ここに述べられている宮とは出雲大社のことだとされている。

『常陸国風土記』「筑波郡」では、筑波の名の由来を、

筑波《つくは》の県《あがた》は、古《いにしえ》、紀《き》の国《くに》と謂《い》ひき。美万貴《みまき》の天皇《すめらみこと》の世《みよ》、采女《うねめ》の臣《おみ》の友属《ともがら》、筑簞《つくは》の命《みこと》を紀《き》の国《くに》の造《みやつこ》に遣《つか》はしたまひし時《とき》に、筑簞《つくは》の命云《みことい》ひしく、「身《わ》が名《な》をば国《くに》に着《つ》けて後《のち》の代《よ》に流伝《つた》へしめまく欲《ほ》りす」といひて、すなはち本《もと》の号《な》を改《あらた》めて、更《さら》に筑波《つくは》と称《い》ふといへり。風俗《くにぶり》の諺《ことわざ》に、握飯筑波《にぎりいいつくは》の国《くに》と云《い》ふ。（以下略す）

と、説明している。かつて筑波の県は紀の国と呼ばれていたが、筑簞という国造が赴任してきたさいに、わが名を地名とするように命じたために筑簞と改め、のちに筑波の字にしたのだというのである。

漢字表記される地名

口頭で伝えられていた地名も、文字使用が始まるとしだいに漢字表記されるようになる。のちにその地が支配上必要と考えられた場合には、漢字表記された形で公的な地名として定着していった。

表記にあたっては、当時いろいろなあて字が工夫されたことであろう。『続日本紀《しょくにほんぎ》』和

銅六年（七一三）五月甲子《かっし》日の条によると、「風土記」選進にあたって、国名・郡名・郷名は好字で記すようにとの命令が出された。平安時代の『延喜式《えんぎしき》』には、必ず二字の嘉名にすべきだとされている。

こうなると、それまで和名で呼ばれていたであろう地名に、本来の意味とはいくらか離れているとしても音が似かよっていれば縁起のよい字をあて、それも何とかして二字でまとめるという工夫が多々なされたことであろう。調べてみると、国名と同様に郡名は確かに二字になっている。穢《けが》れを連想させる名もないようである。

このようにして確定していった地名は、後代の人々が、漢字からもともとの意味をすんなり理解することはなかなか難しいことになる。漢字表記された地名すべてが元来の意味とずれているわけではないであろうが、古代の国・郡・郷名にかぎらず、後世に漢字表記されるようになったものについても、地名の語源探索において、漢字の意味に頼るのは危険だといわざるをえないのである。

たとえば、信州の有名な避暑地のほか各地に散在している軽井沢という地名は、物を背負う意の動詞カルウにもとづいているという柳田の説がよく知られている。峠の近くにこの名が多いのは、かつて馬の背につけてきた荷を、坂道の険しくなる場所からは人が小分けにして背負い上げたために、それらの人の集まる場にこの名がついたのであろうという。漢字からはこの推測はつきにくいのである。

地名への関心

多くの地名由来譚が語られていることからもわかるとおり、地名の由来というものには、時代をとわず常に関心が寄せられてきた。身近にありながら意味のよくわからない地名のよってきたる意味を、何とかして知りたいと思うのは昔の人も同じだったのである。

早くも平安時代には、源　順《みなもとのしたごう》によって『和名類聚抄《わみようるいじゆしよう》』が編まれ、全国の国名・郡名・郷名が集成され、そのうち読みにくい地名には読みがながつけられて、地名研究が始まることになる。同時に和歌の世界では、心得ておくべき歌枕としての地名への関心も高まっていった。

地名の研究が本格的になるのは、江戸時代になってからである。新井白石《あらいはくせき》の『地名河両字通用考』や『国郡名考』、本居宣長《もとおりのりなが》の『国号考』『地名字音通用例』など、漢学者・国学者を問わず地名に関心を寄せはじめ、研究成果を発表するようになった。しかし彼らが関心を抱いた地名は、国・郡・郷のようないわゆる大きな地名であることが多く、研究内容は実証的になったとされるが、主たる精力は語釈や語源探求に注がれていた。江戸中期以降多くなる地誌類や紀行文などで地名が取りあげられる場合にも、やはり地名の由来、つまるところは語源解釈に関心が持たれていたのである。

明治時代になると、明治後期の吉田《よしだ》東伍《とうご》『大日本地名辞書』などしっかりした地名辞書が編まれるようになり、地名の研究が進む。その後、地理学・民俗学・言語学・歴史学などの分野からの研究が進展し、昭和三十年代になると地名学を標榜する鏡味完二『日本地名学』がまとめられ、雑誌『地名学研究』（地名学研究所編。昭和三十二年創刊、同三十七年に二十一号で終刊）まで刊行されるようになった。

地名研究の主流は長らく、地名の由来を求めての語釈ないし語源研究にあったが、語釈とくに漢字表記にこだわった語釈は、漢字の意味に引きずられてしばしば恣意的になりがちである。しかし、まず語意がわからなければどうにもならないという面もあるのだから、地名研究にとって語釈はいわば宿命のようなものである。というわけで、語釈についても徐々に研究の幅が広がり、現地調査によって地形と地名の関係を考えることや、地域の諸生業や生活実態の地名への反映、歴史的事実や支配の構造と地名の関係、全国広範囲におよぶ同一地名の比較、アイヌ語や朝鮮語と日本地名の関係、緻密な音韻研究に裏打ちされた分析など、新しい研究がなされるようになったのである。

このような背景に、国土地理院の五万分の一の地図をはじめ、全国をカバーする詳細な地図が普及したことを見逃すことはできないであろう。

そして昭和五十年代に、県別の浩瀚《こうかん》な『日本歴史地名大系』（平凡社）と『角川日本地名大辞典』（角川書店）が完成し、地名の由来や語釈から、地名を手がかりとして地域研究に分け入る道まで開かれるようになった。地名が、研究対象としてのみならず、重要な研究資料として認められるようになったのである。

一方で、急激な開発や政府による住居表示の変更などによって、由緒ある地名の消滅が危惧されるようになった。このような危機意識と、地名研究の進展とによって地名の重要さが多くの人に認識され、各地において歴史的地名保存の機運が高まっていることは、近年の動向として注目すべきである。

柳田国男の地名研究

地名への関心が深まるなかで、民俗学の研究の特徴は、二つに要約できる。

一つは、研究対象にする地名が生活に密着した小さい地名だということである。小さい地名とは、武蔵とか山城というような国名でないことはもちろん、郡名でも郷名でもない。それらより範域の狭い村の名とか、近代以降の大字・字（小字）名、さらには地点名のようなもの、坂とか峠、道、辻とか川筋・海辺の名前である。何々野・何々平のようにいくらか広い空間を指すものも対象にしてきたが、何々野・何々平には、地籍として範域確定の難しい、公的ではない地名が多いのである。

二つ目の特徴は、土地の利用者・生活者の視点に立って考えようとしてきたことである。対象とする地名が小さいからこそできることで、地名を手がかりにして、命名者であったであろうかつての使用者たちの土地利用の工夫、地名に影響を与えたであろう地形や自然現象への着目、その地での出来事への認識や現在への継承のされ方を考えることに、力を注いできたのである。

柳田国男が、民俗の研究をはじめたのは明治四十一(一九〇八)、二年であるが、明治四十三年にはもう雑誌『歴史地理』に「地名雑考」の連載を開始し、右に述べた二つの特徴を持つ地名研究に着手している。同じころにまとめた『後狩詞記《のちのかりことばのき》』『遠野物語《とおのものがたり》』にも、地名への関心が随所に散りばめられている。昭和十一年(一九三六)にはそれまでの研究をまとめて『地名の研究』として世に問い、地名研究をいわゆる大地名の研究から小地名の研究へとシフトさせ、新しい研究方向を示したのであった。

『地名の研究』では、小地名の全国比較という方法がとられている。内容については、地名というものの生成、すなわち命名と受容定着の理由や継承の過程を述べる部分と、小地名個々の意味と命名由来を説く部分とに分かれている。後者の個々の小地名について説く部分は卓見も多く参考になるが、細かくなりすぎるのでここでは措いておいて、前者についての考えをみておきたい。

利用地名

まず地名とは、ある場所をしばしば通過しなければならない人や、その場所で何らかの採取・捕獲の必要の生じた人が、その地点を、他と区別するためにつけたのであろうという。これらは個人の心おぼえであったり、ごく少数者の共用名でよかった。この命名には地形が目安にされることが多く、山とか岡・谷・沢・野・原などの語を下に持つ地名（大岡・大野など）は、だいたい利用地名に発したものであろうという。そしてその命名が的確であった場合には、多くの人に受容され、地名として広く通用するようになるのだと述べる。このようにして生まれた地名を柳田は、一括して「利用地名」と呼んだ。利用地名には、誰でも目につく狭い一地点ないしは、周囲の地形の特徴の採用されることが多いのである。ただ、利用地名の段階では、まだ地名が範域を画定するにはいたっていない。

占有地名

ある場所を開拓し耕作して所有する人が出てきた場合には、開墾した一定範域を画定し、多くの人びとに向かって占有を主張する必要が生じてくる。

このような必要から生まれた地名を一括して、「占有地名」と呼んだ。占有地名には、前々からそのへんにある利用地名を便宜的に踏襲する場合もあったことであろう。そして利用地名である岡とか野・原の上に高岡や槙原のように、多くの人に納得されやすい何らかの語をつけたり、源左ヱ門新田など開墾者の個人名を冠して、占有を主張するわけである。そしてその地が拡大したり占有者が交替しても、地名だけはそのまま継承されていくというのである。後代にいたって由来が判らなくなった地名には、このような狭い地域の名前としての利用地名が、その地域を含む広い範域に拡充使用されるようになった結果であるものも、少なくないであろう。

占有地名にはまた、開拓の目的や経緯を語る新たな名称を創案して命名したり、開拓者名を冠して何々新田などとする場合もあった。占有地名にはこのように占有者の強い意思の反映された名前も多く、地名から、かつての開拓の事情や土地経営の実態をうかがうことが可能になるのである。のちにそれらの地が検注を受け、年貢徴収の対象になれば公的地名として確定し、継承されていく。こういうことからも、地名が歴史資料として重要だという理由がよくわかるであろう。

分割地名

さらに時代をへて、占有した土地をいくつかに区画する必要の生じた場合には、それまでの地名に上・下とか東・西・南・北をつけて呼ぶことがある。このようにして新たに生じた地名を、柳田は「分割地名」として一括した。大・小とか前・後、本・末、内・外、一・二・三などさまざまな分割名がつけられ、さらには近代以降、丁・番・号などまでつけられることによって地名はかぎりなく細分されていくのである。近代の都市部の、東京都世田谷区成城六丁目一番二十号などというのは、分割地名の最たるものといえよう。

このように柳田は、厖大であっても地名は、利用地名、占有地名、分割地名に大別できると考えたのである。

山口・千葉らの研究

その後、積極的に地名研究を進めたのは、山口貞夫、山口弥一郎、千葉徳爾、谷川健一らである。

山口弥一郎には、『開拓と地名―地名と家名の基礎的研究―』（昭和三十二年）がある。これには『地名の研究』の影響が強いが、東北地方を中心に、地名を資料として地域社会の形成や生業の変遷を明らかにしようとした点に、独自の冴えがみられる。集落の生活と地名との関係、屋号と苗字、漁村部の納屋地名、焼畑と地名などの問題は独自のものといえよう。また、ある程度広い範域の地名の総体を、地形地名、開拓地名、信仰地名、交通関係地名というように分類して考察しようとした点は、昭和十年代としては斬新な方法だったと思われる。

千葉徳爾は、多くの著作のなかで地名への関心を示しているが、まとまったものとして、『新・地名の研究』（平成六年）と『地名の民俗誌』（平成十一年）などがある。千葉の特徴は、一定範域の多くの地名を、歴史的背景や地理的条件、生活との関連で統一的にとらえようとしている点にある。また、一地域の地名を可能なかぎり明らかにした上で、文字化され支配者にも認められている地名を公称地名ないし領域地名と呼び、文字化されずに、漠然とした範域を示すものとして地域の人びとのあいだでのみ用いられてきた地名を、通称地名とする。その上で通称地名を対象に命名の契機を分類分析し、通称地名の理解には、同一地域の人同士でも、生いたちや生活経験によって特徴のあることを実証したのである。

山口や千葉による、一定範域のあらゆる地名を視野に入れた研究は方法として柳田を越えており、評価できる。現在の秀れた民俗誌・民俗調査報告書類の地名の調査は、この問題意識を継承した作業だといえよう。

谷川健一の研究

谷川健一の場合、『青銅の神の足跡』（昭和五十四年）にしろ『白鳥伝説』（昭和六十年）にしろ、魅力的な研究の多くに、地名が重要な資料として用いられている。深い洞察力にもとづき、地名を効果的に駆使した研究者といえよう。同時に地名に愛着を持ち、地名を「土地の精霊」とまで呼んで、日本文化の研究上その重要さを強く主張した人でもある。地名を主題にした成果には、『地名と風土』（平成三年）『現代「地名」考』（昭和五十四年）『日本の地名』（平成九年）『続日本の地名』（平成十年）『神は細部に宿り給う』（昭和五十五年）などじつに多く、地名に関する編書も多い。

谷川は、一地域の地名の全体像の分析にはあまり関心を示さない。地名の全国比較をする点は山口弥一郎や千葉徳爾と同じであるが、研究の特徴は、地名を古い時代の文献と比較しつつ語源を考え、その地名を使用しはじめた人や継承してきた人びとの生活感情に寄りそいつつ、地域や集団の歴史の解明を目ざそうとした点にあるといえる。

研究とは別に谷川は、昭和五十三年に「地名を守る会」を組織した。そして、政府の「住居表示に関する法律」によって各地で地名改変のなされたことに異議を唱えたり、昭和五十六年に神奈川県川崎市に「日本地名研究所」を設立し、研究とともに伝統的地名の保存運動も展開してきた。同研究所では川崎市の共催をえて毎年研究者大会を開催し、平成二十五年（二〇一三）で三十二回に達している。これら一連の活動によって、それまでは一部の人にしか理解されてこなかった地名の重要さを、多くの人に身近かに認識させるようにした谷川の功績は大きい。

個人の研究とは別に、昭和五十年前後以降盛んになった自治体史・誌編纂のなかでも、地名の調査研究が進んだ。民俗学では千葉や谷川のような積極的な研究は近年停滞気味ではあるが、自治体史・誌のなかに地名資料が蓄積されつつあることは、今後の地域理解のためにも地名研究のためにも喜ばしいことである。

山の名前——雪形から山名へ

山名について

本書の冒頭に述べたように、山の名前には烏帽子《えぼし》山や丸山、国見山が多い。烏帽子山や丸山の多くはおそらく山容が烏帽子形であったり、丸いから丸山になっているのであろう。国見山の場合には、伝説上の誰かがその山頂に立って広く地域を見はるかしたというようなことから、国見山と命名されたものであろう。権現《ごんげん》山《やま》とか愛宕《あたご》山も多いが、山頂に何とか権現とか愛宕の神祠があって人びとの信仰を受けている、あるいはかつて受けていたことによるものでろう。

このようなことを考えながら山名のランキングを出してみるのも面白いし、いくつかの山の名の由来を検討することにも意味があると思うが、ここでは、雪形《ゆきがた》というものと結びついた山の名前をいくつか取りあげ、命名がいかに生きいきと生活に結びついた行為であるかを考えていきたい。

駒ヶ岳

全国に駒ヶ岳という名を持つ山も多い。『三省堂日本山名辞典』（平成十六年）によると、国土地理院の二万五〇〇〇分の一の地形図に載っているものだけでも、一七座ある。これと似た山名に駒形山や栗駒山・駒ヶ峯などもあるし、地形図には載っていなくても、ある地域だけで駒ヶ岳と呼ばれている山も存在するかもしれない。そうであれば、駒ヶ岳系の山はさらに多いことになる。

確かに、頂上の平坦部や頂上近くの尾根筋の形が、馬の背や馬の首を思わせる山はある。見ようによっては山容が馬面の山もあるかもしれない。馬は昔から神の乗物と考えられ、山もまた信仰の対象とされることが多かったことにより、馬の語が山名に反映した例もあったであろう。しかし、次のような例も多いのである。

雪国の新潟県には地域でよく知られている駒ヶ岳が二座あるが、斎藤義信『図説・雪形』によると、その一つ越後駒ヶ岳と呼ばれる南魚沼郡の駒ヶ岳には、八十八夜（五月一日、二日ごろ）のころに小出町方面から仰望すると、山頂付近の雪の消え残りが白く馬の形に見えるそうである。すると、かつて人びとは、駒形が出たといって苗代への稲の種まきの準備にとりかかったということで、この馬の形が山名になっていったのだと伝えられている。もう一つの糸魚川市の駒ヶ岳にも、残雪が振り向きざまにぴょんと跳ねた馬の形に見える時期があり、ここの場合には豆まきの目安にされていたという。このほか東蒲原《かんばら》郡には、種まきやゼンマイ採りの目安にする駒形山もある。

有名な木曾駒ヶ岳にも右のような伝承がある。木曾駒ヶ岳は一つの連峰になっているが、田淵行男『山の紋章・雪形』という興味深い写真集によると、木曾側から見た駒ヶ岳本峰西面には、頭部を上に向けた黒い昇り駒の形が現われ、中岳東斜面には、伊那地方からみて二頭のつながった馬の形が現われるのだという（黒い馬は岩の凸面だけ雪が消えた形）。いずれも五月中旬に現われるので、稲の種まきなど農作業の目安にされ、しだいに山名として伝承されるようになったのだといわれている。

秋田・岩手・宮城三県の交わるあたりにある栗駒山にも、四月ごろから五月の八十八夜すぎにかけて、奔馬の形をした残雪が現われる。この栗駒山は何かと伝説の多い山であるが、ここの馬形の残雪も種まきの目安とされていて、山名のもとになったのだとされる。

長野県北安曇《あずみ》郡白馬村の村名は、村の西方にそびえ北アルプスの一角を占める白馬岳に由来している。白馬岳はハクバダケと呼び、村名もハクバムラである。ところが画家の中村清太郎によると、かつてこの地では白馬はシロウマと呼んでいたのだという。それも土地の古老の話によると、白い馬ではなく代馬すなわち代掻《しろか》き馬の意だったというのである。代掻きとは、田植えに先だって耕起した田に水を入れ、田を軟らかく掻きならす作業をいう。人力のみで行なう場合もあるが、馬に馬鍬《まぐわ》という農具を引かせて田の中を何度も往復させ、土塊を砕き田を軟らかくする作業であった。

白馬岳には、かつて六月の田植のころには（かつては田植の時期が遅かった）「雪消《ゆきげ》の岩と偃松《はいまつ》で黒々と」した馬の姿が現われ、その形には「クラ（鞍）やハモ（頚輪）も備わり、古老の一人は、馬を追う人やひき綱まで指摘した」というくらい、人馬一体となって代掻く雪形がはっきり見えるのだという。それが山の名として呼ばれていたらしい。しかし、雪消の形は微妙なもので、一、二日で姿を変えてしまう。したがって本当の土地人以外にはわからないので、代掻き馬であるシロウマに耳で聞いて白馬の字をあてたために、それを後年ハクバと読む人がふえ、現在のように白馬岳・白馬村の名が定着したのであろうというわけである。興味深い説である。

自然暦と雪形

農作業開始の目安となる残雪の形が、山名に結びついた例をみてきたが、ここで山名から少し離れて、自然の変化と農作業開始について少し述べておこう。

農作業というものは、毎年の微妙な寒暖に大きく左右される。とくに最初の作業である稲の種籾漬《たねもみづ》けとか播種《はしゅ》にとりかかる適期の判断には、慎重でなければならない。早くとりかかっても遅くなっても、秋の収穫量に影響してくる。しかし自然は、桜の開花ひとつとっても、年によって数日はもちろん十数日もずれることがあり、暦の示す日が正確な寒暖を教えてくれるわけではない。まして旧暦での日付は、年によって太陽の運行とのずれが大きかったので、寒暖の判断基準にはなりにくかったのである。そこでかつては、目・耳など五感で感じる自然の変化を、農作業を始める重要な目安としていたのであった。人びとの長年の経験にもとづく多くの知識が蓄積されていたわけで、自然が作りだす季節の推移の一齣一齣《ひとこま》を農作業の基準にしようとするのは、気候の厳しい東北地方においても、温暖な鹿児島などにおいても同じだった。

季節の変化や寒暖を端的に示すものとして、全国的にもっとも頼りにされていたのは花の開花時期で、とくに辛夷《こぶし》や桜の開花は大きな目安だった。春先のまだ寒々とした山腹の落葉樹の疎林に、そこだけがピンクや純白の絵の具をにじませたように咲きほこる山桜や辛夷は、遠目に見て、春の到来を感じさせ心を高揚させる美しさがある。そのため全国的に、田打桜・種まき桜（これらの場合、桜そのものを指すこともあるが辛夷をこのように表現することも多い）の伝承があるのである。

柳の芽吹きや菖蒲の芽伸びをはじめ、草木の蕾《つぼみ》・実の状態、あるいは秋の紅葉や落葉などもまた、農作業の目安とされてきたのである。

草木の変化の次に多く目安にされたのは、鳥の出現で、とくにその啼き声の聞きはじめを目安にしていた。たとえば、カッコウが啼くから大豆をまかねばならぬとか、「トットに籾まき、カッコに粟まき、ホトトギスに田を植えよ」などといわれていたのである。『古今和歌集《こきんわかしゅう》』の俳諧歌（巻一九）にもホトトギスと田植えの関連をうかがわせる歌があり、これが確かだったとすると、ホトトギスの啼きはじめは、古くから知られた自然暦《しぜんれき》だったことになる。

ほかに、魚の遡上や虫の出現を目安にする例もあった。

このような季節の推移の一齣一齣を、いうなれば自然がわれわれに示してくれる一種の暦であると解して、昭和前期に川口孫治郎が『自然暦』（昭和十八年）を著わして以来、民俗学では自然暦の語が定着している。ささいなこととして文字にとどめられることがほとんどなかったとはいえ、このような自然暦は、自然を相手に生活する人びとにとっては、

図２　相模原市城山町より望む白馬の雪形

かぎりなく重要だったのである。駒ヶ岳で述べたような、残雪の示す形も有力な自然暦だったのである。

自然暦のなかでも、残雪の形を民俗学では「雪形《ゆきがた》」と呼んでいる。それまで一般には雪絵とか残雪絵、残雪模様などと呼ばれていたが、岩科小一郎が、昭和四十三年刊の『山の民俗』において「雪形」と称して以来、雪形は民俗学においてすっかり馴染みの語となったのである。自然暦も雪形も、最近ようやく「国語辞典」に採用されるようになった新しい語であるが、なかなかよい造語だったと思う。

山肌は凹凸が激しいので、雪形には白いものと黒いものとがある。全山まっ白だった山の雪が融けはじめると、初めは凸面の岩の部分が黒く見えるようになり、それが馬の形に見えたりする。これが黒い雪形である。さらに融雪が進行すると、窪地とか谷あいなどに白く消え残って、馬の形に見えたりする。これが白い雪形である。先の駒ヶ岳の例でいえば、越後駒ヶ岳の場合には凹面に残った雪が白い馬の形になったのであるが、木曽駒ヶ岳の場合にはすべて逆で、山肌の凸面部、すなわち盛り上がった岩の部分の雪だけが早く馬の形に消えていき、周囲の雪は白く残っているのだから、白い中に黒い馬が浮き出て見えるというわけである。

田淵行男は、白い雪形をポジ型（陽画型）、黒い雪形をネガ型（陰画型）と呼び、ポジ型は残雪じたいの造形であるから雪形の実像だと考えた。ネガ型は雪中に浮かぶ大地の形像であるから、雪形ではなく本来は地形あるいは岩形と称すべきで、雪形の虚像だと述べている。もっとも雪形ではあるが、実際には白黒ともに雪形と呼ばれているのである。

雪形は四国の石鎚《いしづち》山や兵庫県の氷ノ山《ひょうのせん》にも指摘されているが、ほとんどすべては東日本のものである。晩春から初夏にかけての雪国の山々には、白い雪形・黒い雪形が綾をなして一面に現われ、人々の想像力をかきたて、見ていて美しい。

なお気象庁でも、植物の開花日や動物の初鳴日・初見日を中心に、このような自然暦を生物季節として組織的に観測し記録している。

中国でも物候《ぶっこう》と呼んで、早くから自然暦に注目をしてきた。暦の七十二候《しちじゅうにこう》はまさにそれの固定化したものである。しかし中国の物候では、草木虫魚や河沼の結氷・解氷の時期はだいぶ目安にされているが、山に発生する雪形はほとんど問題にされてこなかったようである（『物候学―大自然語の手引き―』丹青社、昭和六十年）。彼我の地形・天象と生活との関係の違いをうかがうことができ、興味深い。

爺ヶ岳・僧ヶ岳など

雪形で見えるのは馬だけではなかった。北アルプスの爺ヶ岳も、雪形に由来する山名である。田淵によると、爺ヶ岳の南方南稜の上部には、三月下旬から五月初旬にかけて種まきをする爺さんの雪形が現われ、長野県の安曇野一帯から広く見られるのだという。大町市からは、五月初旬に南峰と主峰の鞍部にもまた爺形が見えるそうで、このことが爺ヶ岳という一風変わった山名につながっていったのだとされている。爺の近くには鳥に見える雪形も出るので、「権平《ごんべえ》が種まきゃ烏がほぜくる」などという俚謡《りよう》をこれらにあてはめてみたり、爺に何日か遅れて、もう一つ人の姿をした雪形が現われるので、これを婆さんに見たてて、爺を助けにやってきたのだなどといっている。雪形から一つの物語が生まれはじめているようで、雪形を眺めての楽しい想像である。

同じ北アルプスの常念《じようねん》岳も僧の形に見える雪形から出た山名で、ここには常念坊という僧にまつわる伝説が語られている。また、富山県の僧ヶ岳は、笠をかぶった僧の姿に見える雪形からの命名である。

このように雪形は、見ようによっては人の形にも見えるわけで、爺ヶ岳・僧ヶ岳は、爺や僧に見た（あるいは見ようとした）周辺住民の認識が伝承され、山名として定着していったのであった。富山県の人形山はそのものずばりの命名で、人が手をつないでいる雪形が現われるのだという。

このほか雪形に由来するといわれている山名には、北アルプスの蝶《ちよう》ヶ岳《がたけ》、八方《はつぽう》尾根《おね》（八の字が現われる）、中央アルプスの空木《うつぎ》岳（六月上旬、雪を残す山容がウツギの花満開の雰囲気になるという）、南アルプスの農鳥《のうとり》岳などや、新潟県の光兎山《こうさぎさん》、福島県の燧《ひうち》ケ《が》岳（金鋏《かなばさみ》の雪形が出る）・朳差《えぶりさし》岳（田を平らにならすエブリという農具の雪形が出る）、山形県の牛ヶ岩山など、各地各様に、じつに多くの雪形が伝承されているのである。富士山にも、農男や犬雪が指摘されている。

北海道長万部《おしやまんべ》町の長万部岳もそうだという。オシャマンベとは、アイヌ語で鰈《かれい》を意味する語だとされ、春の終わりにこの山に消え残る雪が鰈の形状になることから、山名になったのだといわれているのである。この山名はいわゆる和人にも早くから知られており、紀行文を多く残した菅江真澄《すがえますみ》の「えぞのてぶり」をはじめ、江戸時代にこの地に渡った何人もの人が、この山名と雪形に注目して記している。

参考までに、山名とはならなかったがそのほかの雪形についても述べておくと、農作業をする人の形（すでに述べた種まき爺のほかに早乙女など）、婚礼の嫁、恵比須、相撲とり（力士）、家畜（馬のほかに牛・犬・猫など）、野生の鳥獣魚類（兎・猿・鶴・鯉・蛇など）、植物（杉など）、器具（鍬・傘・扇など）、文字（一の字・山の字など）、さらには鬼面、三日月、舟など、さまざまな雪形が指摘され伝承されている。そして、そのほとんどが農作業開始の目安にされていたのであった。

著者がこれらのいくつかを望見したり、あるいは写真集で見るかぎりでは、確かにそのように見えるが、率直なところ、何の予備知識もなく眺めれば、地元で伝承しているのとは異なる形に見えてしまうものも少なくない。しかし地元では、早乙女や種まき爺の形、牛馬など家畜の形であると伝承し、山名にまでしてしまっているのである。現代のように、各メディアが詳しく天気を予報していなかったころ、慎重に農作業の適期をうかがう人びとにとっては、小さいころから教えこまれたとおりに農作業関連の事物に見えてしまい

（あるいは見ようとし）、そのまま伝承されてきたのであろう。ここに、雪形と農の生活や実作業、そして地名との緊密な結合をみてとることができ、興味深い一つの命名の契機を知ることができるのである。

川の名前

流域で異なる名

日本列島には、支流をも含めると一級河川水系だけでも一万四〇〇〇余の川があり（一級河川は一〇九）、名前もさまざまである。大河川には石狩川・信濃川・筑後川のように広い流域地名からとったものや、利根川・木曽川のように源流域の地名をつけたものが目立つ。小河川の場合にも流域地名が川の名になっている例が多いが、トドロキガワ（轟川）・ドドガワ（百々川）のように（このような名の川は多い）、流れの特徴が名前となっている川も少なくない。同じひと流れの川であっても、流れが面している地域ごとに、名を替えて呼ばれている川もある。利用している人たちにとっては、それぞれの生活と深くかかわる我が川ということなのであろう。小さい川にはとくに地域ごとの通称が多いが、大河川でも流域によって呼ばれ方の異なるものがある。

信濃川は長野県東部から新潟県中央部を貫流したあと日本海に注ぎ、長さでは日本一の川であるが、長野県内を流れるときには千曲《ちくま》川と呼ばれ、新潟県に入って信濃川ということになっている。全長の六〇％近くが千曲川であるのに、水系の名としては信濃川が本名である。山梨県から神奈川県へ流れ下る相模川も、上流の山梨県では桂川と呼ばれ、神奈川県に入ってくると相模川になり、さらに最下流では、そこの地域名をとって馬入《ばにゅう》川と呼ばれている。

琵琶湖を水源として最後は大阪湾に注ぐ淀川は、滋賀県の部分では瀬田川と呼ばれ、京都府に入ると宇治川となる。その宇治川が、京都盆地南部で桂川や木津《きづ》川と合流する所からは淀川と名を替えるのである。かつて盆地南部に巨椋池《おぐらいけ》があり、そこへ宇治川・桂川・木津川が流れ込み、淀んだ状態になってから西方へ流れ出ていたので、その流れ出るあたりから下流が淀川と呼ばれるようになったのだという。河川法上は、桂川・木津川など多くの支流を加えて淀川水系とされているが、本流は瀬田川・宇治川・淀川というように、流域によって名を替えて呼ばれているのである。

さらには支流の一つの桂川も、上流域では大堰《おおい》川・大井川・保津《ほづ》川などと呼ばれたり表記されたりし、京都の名所・嵐山あたりから下流が桂川ということになっている。なお、京都市内のもう一つの鴨川は、下流で桂川と合流するまで一貫してカモガワと呼ばれるが、表記は一般に、下鴨神社あたりで高野川と合流するまでの川は加茂川、合流後は鴨川と書かれることが多い。市中心部を南流する部分はすべて鴨川である。

和歌山県の紀《き》ノ川も、雨の多いことで知られる水源の大台《おおだい》ヶ原《がはら》山を流れ下る最上流部分では、川上川と呼ばれており、奈良県を横断するときには吉野川となり、和歌山県に入ってようやく紀ノ川ということになる。

清流として知られる高知県の四万十《しまんと》川は、古くからの一種の通称で、河川法上は下流の呼称である渡川水系の一河川名である。四万十の名称は、谷あいを流下し多くの小河川が合流を繰りかえす（その中には四万川と呼ばれる川もある）、その上流域の状態によって呼ばれていた名前だったようである。

そういうなかにあって、関東地方中央部をほぼ横断する形で流れ下る利根川は異なる。群馬・埼玉・茨城・千葉各県を流れ、多くの支流を持つ大河川であるが、本流はどこにおいても一貫して、水源である群馬県利根郡にかかわる利根川の名で呼ばれつづけている。坂東太郎《ばんどうたろう》と愛称されるゆえんであろうか。

こういう愛称は、いずれ近世の文人がつけて広めたのであろうが、坂東太郎のほかに、九州の筑紫次郎（筑後川）、四国の四国三郎（吉野川）がセットとしてよく知られている。このほかに、奈良県を南流して和歌山県の新宮《しんぐう》市で熊野灘に注ぐ新宮川は、熊野川とも呼ばれ、地元では熊野太郎とも愛称されている。このような愛称は各地の河川に多いことであろう。

川筋の名

河川名とは別に、川の各所には地点名がたくさんある。ごく小範域を指し、ほとんどは地図にも載っていないが、これも地名である。漁や舟運などいろいろな立場で川にかかわっている人たちが、特異な形をした岩や木のある場所、瀬、淵、瀞《とろ》（深くて流れの静かなところ）などを、ほかの場所と区別するために伝承している地名である。地図にもなく、川にかかわらない人にとっては必要ないものが多いが、かかわる人にとっては大切な地名である。

中国地方最大の江《ごう》の川は、広島県に発して島根県の江津《ごうつ》市で日本海に注いでいる。中流域にあたる広島県の三次《みよし》盆地から島根県へ抜ける部分は川筋が険しく、かつて船頭や川漁師は、極度の神経をはらいながら仕事をしなければならない難所だった。ここのカブト岩、ガンザキと呼ばれる場所には、それぞれ兜形の岩や大きなガン（岩のこと）が流れに突き出しているので、これらの岩の浮き沈み（水面から見えている部分の大小）によってその日の水量を判断し、漁の仕方や舟の動かし方（棹の操り方）を考えなければならなかった。危険な場所であるために、そこの岩の形がその周辺を指す小地名となって、関係者に覚えられていったのである。

江の川の川筋には、ほかに八畳岩、夫婦岩、エンコウ岩など、岩を目安にした地名が多いとともに、タル瀬、ミヤガ瀬、クズ瀬、ナッ瀬、オトギノ瀬など、瀬のつく地名も多い。瀬と呼ばれる場所は流れが速い上に、水面下には岩の隠れていることが多い。瀬は鮎釣りにはよい場所であるが、舟運には用心しなければならない場所である。そのため、川漁師・舟運業者双方によく知られていた地名だった。逆に深くて流れの緩やかなところには、何々淵や何々瀞という名のつけられている地名が多い。

このような地名は、川にかかわりを持つ人にとっては、若いときから身体で覚えておかないと、仕事をつづけることができない地名だったのである。

中津川は神奈川県内の相模川の一支流である。大塚博夫によると、上流の落合橋から下流の日向橋にいたるまでの、かつて知られていた川筋の地名は図3のとおりであった。この流域の、だいたい上流三分の一は峡谷部、中流三分の一は山間集落地域、下流三分の一

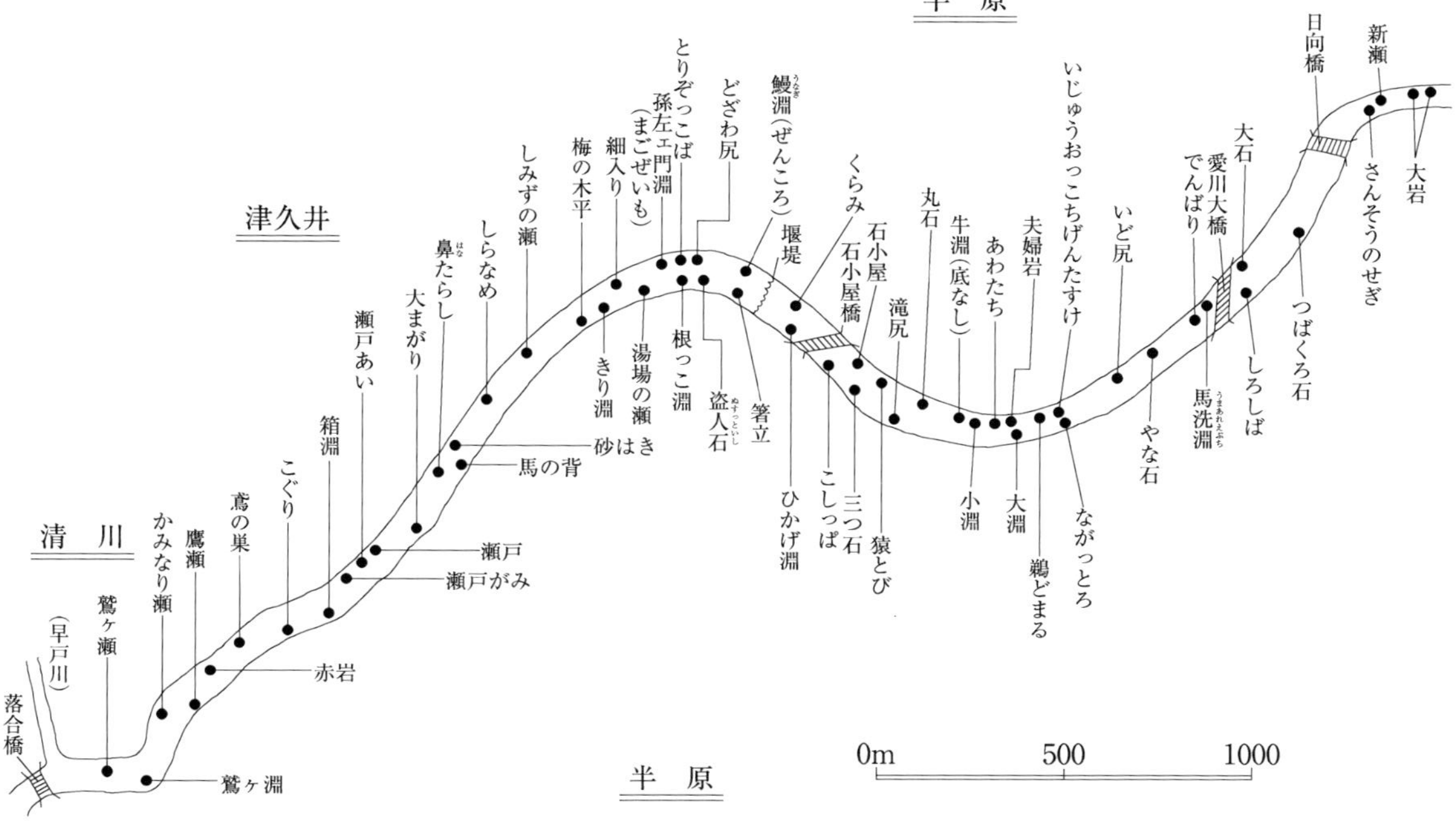

図３　中津川川筋名の所在位置略図（山間渓谷部と山間集落部の一部．『神奈川県史・各論編５・民俗』より）

は水田稲作地域である。

大河川というほどの川ではないが、上流の峡谷部は狭くて断崖をなし、川には大石が多く、その上に水量が豊富で激流といってよい流れだった。大正時代までは、丹沢山塊から伐り出した木材の流送に利用されたほか、釣り人や周辺の人びとに親しまれている川である。昭和になってから上流の峡谷部は景勝地として知られるようになった。なおこの上流部分は、現在はダム建設によって残念ながら水没してしまっている。

上・中・下流とも全体に命名の由来は不明になっているものが少なくないが、今に伝えられているものもあるので、大塚の詳しい調査をもとに紹介してみる。

伝承されているものだけでも命名由来は雑多である。それを大塚は、一応と断りながらも、①地形型（細入りなど）、②利用型（馬洗淵など）、③比喩型（夫婦岩など）、④標示型（丸石など）、⑤説話型（稚児ヶ淵など）、⑥信仰型（弁天など）、⑦その他、に分類して考えている。

たとえば、図3の「こしっぱ」は越しっ場の意で、歩いて対岸に渡ることのできる数少ない場所につけられた、利用型の名前である。そういう場所のうち、川底の鞍部をうまく伝って渡らないと深みにはまるような所は、「馬の背」と呼ばれていた。「箸立」というのは、急流の中にある大石群が障害となって流送した木材がそこで押し戻され、それがつぎつぎに流れ下ってくる木とぶつかって箸立ての中の箸のように乱立してしまうことがあるので、そのように命名されたのである。木材流しの途中ではそういうことも起こるのだとわかり、面白い命名だと思う。

「いじゅうおっこちげんたすけ」とか「とりぞっこば」という奇妙な名は、かつてそれぞれの場所で、伊十さんが川に落ちて源さんが助けたということや、お酉《とり》さんが飛び込んだ（身投げした）ことが話題になり、のちのちまで記憶されて場所を示す名前になったのだと伝えられている。説話型の名前である。当時の流域の人びとにとっては大事件だったはずで、伊十さんやお酉さんには気の毒ではあるが、年とともにおそらくは尾ひれもつけて語りつづけられ、地名として定着したのであろう。

上・中・下流域すべての人が、これらの地名を知悉しているわけではないだろうが、木材流送業者や川漁師のみならず、釣りをしたり馬や農具を洗ったり、子供時代に泳いだりして常に川に親しんでいた人びとのあいだには、じつにいろいろな小さな地名が伝承されてきたのである。

これらの小地名には、日常生活と地名との強い結合がみられるが、河川が改修されたり日々の生活が川と疎遠になってくると、川に面した人びとのあいだでも忘れられていく地名でもある。あるいは、何らかのきっかけで逆によく知られるようになって、その地点を含む比較的広い範域を示す地名に拡大していく場合もあるだろう。もし拡大していったならば、しだいにその命名当時の意味は見当がつきにくくなっていくのである。

海の名前

ナダ・ヘタ・イソ・オキ

海の名は、太平洋・日本海などというように、広い海域を指す名前となっている。玄海灘《げんかいなだ》、津軽海峡、豊後水道《ぶんごすいどう》など、それよりは狭い海域を指す名もあるが、それでも広い上に、河川名に比べると指す範域は漠然としている。地理学上あるいは行政上は、どこからどこまでが玄海灘というように確定しているのであろうが、一般にはつかみどころがない。

さらに、海は見わたすかぎり水である。水面しか目に入らず、陸地のように目標になるものがないので名前のつけようがない、と一般には考えられる。しかし日々海にかかわっている人とくに漁師のあいだには、意外に細かい水面下の地名が伝承されているのである。

海底部の凹凸、それによる潮の微妙な流れによって、魚の棲息状態が異なるので、魚のよく獲れる場所を他と区別しておく必要が生じるわけである。海図上の地名とは異なる、漁業生活者のあいだに伝承されている海中の地名をみてみよう。

玄海灘・熊野灘のように、普通はある程度の広い海域を示す名になっているナダ（灘）を、海岸に近い部分の名としている地域が少なくない。佐渡市の内海府《うちかいふ》の北小浦では、かつて陸地にもっとも近い部分をナダと呼び、それより沖へ出た海中をヘタ、さらに離れた深さ五、六《メートル》ぐらいの場所を、北小浦ではイソと呼んでいた。イソは海底が岩場になっていて魚や海藻がよく獲れる所である。一般には磯の字があてられ、岸近くのしばしば波に洗われながらも海面に出ている岩場のことをいうが、そういう場所だけの呼び名ではなかったようである。イソよりさらに沖合いはダイナン・ダイオキと呼ばれ、ダイナンでの漁は、いわば沖合い漁といってもよい感じだったようである。

右のように、陸に近い部分をナダと呼ぶ地域が少なくないことについて、千葉徳爾は、関東地方の漁師からの聞取りを参考にして、次のように解釈している。ナダとは、もともとは海上の船から陸地側を見た場合の海の名で、その逆方向を見た場合の海がオキである。小さい船で沿岸漁業を専らにしたころの人びとにとって、ナダは狭い海だったが、船が大きくなっていくらか沖合いに出る漁師がふえたり、沖合いを航行する船が多くなると、彼らにとって陸までの海は広く、ナダは広い海域ということになっていった。そして海上（船上）から眺めて、遠くに遠州の山々が見える方面の海が遠州灘、熊野の山々までの海域が熊野灘ということになり、ナダの語義に分化が生じたのであろうというのである。

海面下の地名

海面下の命名は細かい。房総半島（千葉県）の白間津《しらまづ》の沿岸部は岩礁になっており、潜水してアワビ、サザエをはじめ貝類を採る海女《あま》が多い。彼女らにはナカネ、カジメジ、カンス、ゴンゴウ、サンボラなど、六十余の海面下の地名が伝承されており、貝類の採捕と関連させてその周囲の状況が把握されている。

図4は、いくらか不鮮明で恐縮だが、三重県志摩市畔名《あぜな》の海女たちによって伝承されている海底の地点名である。狭い地域にじつに多い。色の濃い部分が岩礁で、この周辺でアワビやサザエを採捕するのであるが、地点によって深浅に差があり、潮流にも微妙な変化があって、おのずから漁場としてのランクづけがなされている。そのため、海女稼業の専業・副業の度合いとか潜水能力に応じて、慣行として活動の場所が定められているのである。一般の人にとってはまったく知らない海面下の地名ではあるが、海女たちには細かく命名され伝承されているのである。ほとんどの命名由来は、現在ではもう明らかでないが、

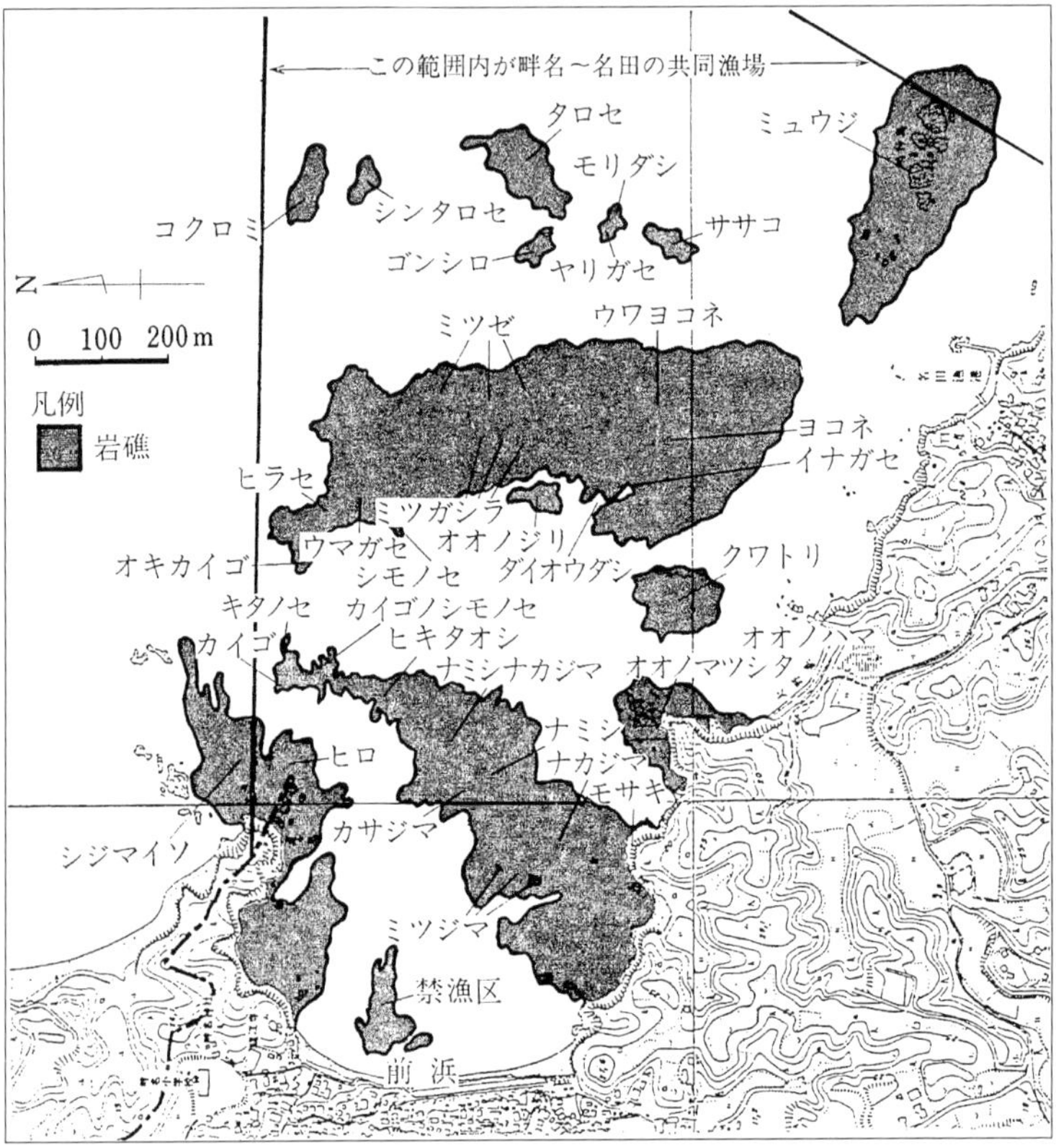

図４　志摩市畔名の海底地名（小島孝夫論文による）

海面下の状態にもとづいて、ネ（根）・セ（瀬）・イソ（磯）のついた名が多い。彼女らには生活に直結する重要な地名なのである。

沖合いに出て釣漁や網漁をする漁師には、このような海面下の様子は見えない。見えなくても、現在では探知機によって魚の群れを判断できるようになっている。しかしそのような機器類のない時代においても、先人からの伝承やみずからの経験によって、岩礁のある魚のよく獲れる場所は判断する方法があった。遠くの山の頂や高い木などいくつかの目印をもとに、船上から見るそれらの角度、重なり具合、高さ・大きさにもとづいて好漁場を判断し、その場所（海底）に命名し記憶しておくのである。山アテと呼ばれる方法であるが、公表して地域全体の共有知識にされている場所もあり、一家だけで親から子にのみ伝えられているものもある。このようにして利用度の高い海面下には、名前がつけられていたのである。

耕作地の名前

耕作地の名は、占有地名の代表的なものである。それまで特別かかわることもなかった広い丘陵地や原野、湿地などが開墾されたり、灌漑《かんがい》施設が整えられたりして耕地としての活用がはじまると、新たにその範域を確定する名前が必要になる。

耕作地名の多さ

このようにして創出された地名の多くが継承されていったとすると、日本の地名の相当数、いや大部分はもともとは耕作地の名に発していることになるであろう。いちいち検証することは不可能であるが、そのように考えてよいのではないだろうか。

耕作地について、相模国愛甲郡温水《ぬるみず》村（現・神奈川県厚木市温水）の天正十九年（一五九

二）の「検地水帳」を見ると（『厚木の地名考』）、

地蔵前　川はた　せきのした　山崎　根下　ふくりふゆ　ねのかミ谷　長まち　大領免　三反まち　春日明神免　宮免　谷　なかくほ　きつね崎　うはふところ　中之村あまつぼ　竹のした　大夫　八反た　まへた　えの木下　いなりの下　くわんをん免ひとつはし　原の下　やと……

など、八十余の田畑の名が挙げられている。中世末の、後の藩制村クラスの範域においてこの数であるから、全国のそれぞれの時代に公認されていた耕地地名の数はとなると、明らかにすることなど、どだい無理な話であろう。土地をいかに細かく分けて活用してきたかが、わかろうというものである。このような土地は近接していても、かつては水利の関係で大きさも形もまちまちだったはずである。

名前の傾向

名前の傾向はとなると、右の場合、地蔵前・川はた・せきの下（おそらく堰の下）・えのき下のように何か目印になるものの近くの田畑の意であったり、八反田のように広さからくる名であったり、春日明神免・くわんをん免（おそらく観音免）のように用途名であったり、ねのカミ谷・谷のように所在地であったりして、分類することはある程度可能かもしれない。

免のつく田は税が免除されていた田のことと思われ、宮免や春日明神免は氏神とか春日明神の祭礼費用を、くわんをん免とは観音の仏事費用を賄うための田、ということであろう。当時の宗教生活をうかがわせる地名である。全国に多い神田や宮田なども、同様に、神社の祭礼に必要な穀物を栽培するための田畑の名前であったはずである。いなりの下という名から稲荷祠のあったこともわかる。いくつかの地名からだけでも、中世末の温水村の姿が髣髴とされるではないか。

全国に多い大田・中田・広田・高田・山田など田のつく地名は、それぞれ耕作地の広狭や地形から名づけられたものであろうし、新田・吉田などは、開墾の時期に関係した名であろう。吉田は、葦原を干拓したが、アシ（悪し）よりもヨシ（良し）がよいので、吉田にしたのかとされている。これらの地名は、その土地にかかわったであろう家の名前にもなっている。田口・田中・田尻なども、地名にも多いし家の名にも多い。

各地にはヤマイダ（病田）とかシビトダ（死人田）という物騒な地名もある。しかし異様な名前とは異なり、かつては神事用の穀物を収穫する田畑であったり、大切な苗を育てるための重要な田だったところではないかと考えられているのである。その田が神聖な作物用の田であるがゆえに、かつて人糞や厩《きゅう》肥《ひ》など穢《けが》れた肥料を入れることをタブーとし、不浄な物を入れるのを避けていた。稲刈り後でも、平素子供らにはその田に入るのを戒めていた。そういう田であるために、もしその田にみだりにかかわったならその者にはバチ（罰）があたるとか、不幸になるとか死ぬいって戒めていた心意が、のちに普通の田として利用されるようになっても残り、病田とか死人田として地名化したのであろうと解釈されているのである。

災害と地名

地名が語るもの

過去に自然災害のあったことを暗示する地名については、柳田国男の『地名の研究』にもところどころで言及されているし、山口弥一郎も関心を寄せていたが、平成二十三年（二〇一一）三月十一日に東日本大地震が起き、同年秋には紀伊半島南部中央で地滑りによる大被害が発生して以降、災害と地名の関係は各地で現実のこととして一気に注目されることになった。今後、地域ごとに多くの成果が問われ蓄積されていくことと思うが、ここでは最近の谷川健一編『地名は警告する―日本の災害と地名―』を参考にしながら、いくつか考えてみたい。

同書は北海道・東北から九州・沖縄地方にいたる一七地域の、それぞれの地における災害地名と考えられるものの研究で、書名のとおり、地名に潜在している情報を今後の災害対策に活用するよう提言している。執筆者はそれぞれの地域で地名研究に携わってきた方々である。

自然災害には地滑り、洪水、暴風、大雪、火山爆発、火砕流、そして地震と津波がある。竜巻や落雷などもある。これらが二つ三つ連動して襲ってくることもある。

地滑りは豪雨とともに傾斜地を剝ぎとるようにして起き、田畑・道路・人家を一瞬のうちに呑みこんで（埋めて）しまう。そのため、ハグ（剝ぐ）、カム・カジル（噛む・齧る）、クズレル（崩れる）、カケル（欠ける）、ウメル（埋める）などの語を含む地名として残ることが多い。しかし年とともに本来の意味が曖昧になり、そして漢字表記されるようになると災害は忘却の彼方のこととなりかねない。同書で多く取りあげられているものでは、ハグから萩・萩生などへ、クズレルから椚《くぬぎ》などへ、カム・カジルから亀・神などへ、ウメル・ウマルから梅・妹などへ、カシグから柏などへ、というように漢字表記されていき、本来の意味が忘れられていくのである（意味が忘れられたから、このような字があてられていったともいえる）。こうなっては、後世において地名を見ただけでは土地の性格はわかりにくい。

これらの字を用いた地名は全国に多い。そのすべてが災害地名というわけではもちろんないであろうが、同書において、地形をも勘案して幾地域からも指摘されている油断できない地名なのである。

山が崩落することをトブと表現する地域があり、そういうところでは飛石・鳶石なども災害と関係ある地名ではないかという。蛇抜《じゃぬけ》も気になる地名で、かつて鉄砲水で崩落した地と考えられ、同書の滝沢主税によると、長野県中央部にはいくつも存在している。同県の災害地名と思われるのには、ハバ（漢字表記では幅・羽場などとなる）、カケ（欠など）、ソリ（反・曾利など）、ゴウロ（郷露・高呂など）などのついている地名が、災害地名ではないかと指摘されている。

杖立という名の峠があるが、小川豊によると（『災害と地名』）、ツエは杖とか津江などと表記されているが、潰《つい》えるを意味するようで、かつて災害のあったことを暗示する地名であろうという。また、ワダは曲処《わだ》のことで、川が湾流し災害を思わせる地名だという。全国の和田がすべてそういうわけではないだろうが、ワダ（曲処）も和田と表記されてしまうと災害とは無縁な地名と思われてしまう。

かつて洪水は各地で常時発生し、現在でもしばしば被害が報道されている。何々鶴という地名に出会うと、つい美しい鶴の飛来地かと思ってしまうが（そういう所もあるであろう）、ツルのつく地名は九州地方に比較的多く、同書での藤吉洸の考察によると、熊本では河川が蔓草のように曲流したり合流する地点に多く、洪水災害の要《かなめ》の地と考えられるのではないかという。表記は東鶴・牧鶴・芭蕉鶴などさまざまな鶴のほか、津留・水流などとなっている。藤吉によると、平成二十四年七月の九州地方北部一帯の豪雨による河川氾濫地には、多数のツル地名の存在が確認されているのである。

群馬・長野両県境にある浅間山は活火山で、現在でも煙をなびかせているが、沢口宏によると、山麓にはオシ地名が散在しているという。鬼の押出しというと、天明三年（一七八三）の大噴火の火砕流の固まった奇観の地として観光地化しているが、オシを含むものには押切場《おしぎつば》・押し場・大押原・大押沢などがあり、火砕流の押し出してきたほぼ先端にあたる地のようである。したがってこれらの地は、噴火後に岩石を除いて耕地にした苦心の土地だとみられている。浅間山麓以外では、オシ地名は、山の崩落によって土砂の押し出されてきた土地にも用いられている。

「末の松山波越さじとは」

「末の松山」とは宮城県多賀城市の有名な歌枕の地である。百人一首にある清少納言の父・清原元輔の「契りきな　かたみに袖を　しぼりつつ末の松山　波越さじとは」という歌を、ご存じの方は多いであろう。先年の津波はようやく免れたが、津波の凄さを目の当たりにしてこの比喩がまったくの空想から生まれたのではなく、実体験を背景に持つ伝承によっているのであろうとわかった。驚きである。

『地名は警告する』によると、宮城県の南三陸町入谷の大船沢という地名も、海岸から奥まった地なので、今回の津波を体験するまではまさかと思われていたらしいが、かつて船がここまで流されてきたという伝承を持つ地名である。このたびの津波で伝承の事実性が信じられるようになり、災害地名ではないかとされているのである。

このほか太宰幸子は、先年の津波の被災地にはスカ・スナ（長須賀・砂場など）、ウラ（中浦など）、カマ（塩釜場など）、シオ（潮見町など）、ハマ（長浜町など）、ミナト（湊など）、サカナ（魚町など）、カワ（川口町など）、ナミ（渡波など）など、その他にもあるが、とにかくこのような語を含む地名が多かったことを指摘しているのである。

地域名の展開

公的地名――国・郡・郷・村の名

旧国名

地名のうち、日常生活を営む上での広狭さまざまな範域の公的な地名（あるいは行政上の地名）を、地域名と呼ぼう。一般に地名に興味が持たれたり、地名保存運動の対象となったりするのは、この地域名についてであることが多い。地域名は山や川・海・耕作地の名前に比べて、歴史的に蓄積されていく傾向がある。また、利用者が集中するので細分化されることも多い。それだけに多様であり、現実生活とのかかわりが密である。ここでは大小（広狭といってもよい）を基準に幾段階かに分けて、地域名を考えていく。

律令制下の日本は、平安時代前期には行政上六十六ヵ国二島に分かれ、その国・島は合計六〇〇ほどの郡、さらに郡は合計四〇〇〇ほどの郷に分けられていた。奈良時代中期から国や郡の数や分け方、呼び方には大きな変化はなく（郡が上下とか南北に分割されることはあったが）、律令制が崩壊したあとも、ほとんどはそれぞれ地域を区分する名として残り、江戸時代末を迎える。これら国・郡・郷につけられていた名前は、早くに確定した公的な地域名と考えてよいだろう。

参考までに、国名だけ挙げておこう。国は五畿七道ごとにまとめるのが普通であろうが、ここでは現在の地方ごとに、ほぼ北から順に挙げておく。

陸奥《むつ》・出羽（以上、現在の東北地方）

常陸・下野《しもつけ》・上野《こうずけ》・下総《しもうさ》・上総《かずさ》・安房《あわ》・武蔵・相模（関東地方）

越後・佐渡・越中《えっちゅう》・能登・加賀・越前・若狭・信濃・甲斐・伊豆・駿河・遠江《とおとうみ》・飛騨・美濃・尾張・三河（中部地方。ただし伊豆の島嶼部は関東地方）

伊賀・伊勢・志摩・近江・丹後・山城《やましろ》・大和・紀伊・和泉《いずみ》・河内・摂津・但馬《たじま》・丹波・播磨・淡路（近畿地方）

因幡《いなば》・伯耆《ほうき》・隠岐《おき》・出雲・石見《いわみ》・美作《みまさか》・備前《びぜん》・備中《びっちゅう》・備後《びんご》・安芸《あき》・周防《すおう》・長門《ながと》（中国地方）

讃岐《さぬき》・阿波・土佐・伊予（四国地方）

肥前・筑前・筑後・豊前《ぶぜん》・豊後《ぶんご》・肥後・日向《ひゅうが》・大隅《おおすみ》・薩摩・対馬《つしま》島・壱岐《いき》島（九州地方）

これらの国の範域の決定には、境をなす山や川とともに、当時の地域の開発の進み方や律令政府の土地把握の状況が反映している。

日本の中心部であった現在の近畿地方は一五の国に細分されているのに、近畿地方よりも広い東北地方は、陸奥と出羽のたった二国にしか分けられていなかったのである（東北地方を奥羽地方ともいうのはこのためである）。

郡も同じことで、現在の大阪府の三分の一ほどの面積にしか当たらない河内国が、一四もの郡に分けられていたのに、山形県全部と秋田県の大部分に当たる広大な出羽国には、一一の郡しかなかった。いまだ開発が進んでいなかったからであろう。

支配者による土地支配

国・郡・郷のほか、中世末から近世初期になると太閤検地《たいこうけんち》をはじめとする検地によって、当時の村というものが歴史上に姿を現わしてくる。そのすべてが村と呼ばれていたかどうかは別にして、村はそれ以前から日常生活上の自治組織の単位としてあったはずであるが、太閤検地が行なわれるまでその実態はほとんど明らかでなかったのである。

太閤検地につづき、さらに江戸幕府が検地を行ない、生産・生活上何かにつけて協同していたひとまとまりの地域を村として認め、この単位に年貢を負わせようとしたことによって、村は歴史の表舞台に登場することになった。このようにして、公的な地域名が一挙にふえることになったのである。村は江戸前期には六万ほどあった。検地によって、村を細分していた屋敷地や耕地などにつけられていた多くの地名も記録の上に姿を現わすことになったのである。

このようにして姿を見せた地名には、現在でも用いられているものが多い。命名理由は現在ではもう不明になったものが多いであろうが、推測できるものも少なくなく、先に「耕作地の名前」のところで述べたのはその一例である。検地により、村の中の堀の内とか堰《せき》の下、鍛冶屋敷などというさまざまな小地名が明らかになったことによって、地名をとおして当時の村の実態を垣間見ることができる。地名が貴重な歴史資料だといわれるゆえんである。

町というのは平安京には早くから存在していたが、中世になり宿場や市場・社寺・港湾などの近辺に居住者がさらにふえてくると、しだいにそれらの地域をも町と呼ぶようになった。江戸時代に入ると城下町も整い、そこでは呉服町・博労《ばくろう》町・城北町など、町を細分しその地域の性格を示すさらに多くの町名が出現することになり、地名はいよいよ増大することになったのである。

近代の県・郡・市町村

近代に入ると、行政上の必要から、新たに県や市、町を定めたほか、従来の村をいくつか合併させて新たな村を創設させたために、さらに多くの地名が創出されることになった。

〔県と郡〕

まず県名であるが、明治四年（一八七一）、藩を廃したあといったんはそのまま藩を県としたために、三府三〇二県という多くの府県が誕生した。その後改正が繰り返されて、明治二十一年（一八八八）には東京・京都・大阪が府となり、県は現在の四三に定まったのである。県の範域の確定には紆余曲折もあったが、結局は、律令時代の国を一つの目安のようにして範域を確定し、それに新たな名前がつけられて、現在のようになったのである（命名については後述）。県が設けられたことによって古代からの国は用いられなくなっていくが、郡は新たな府県の中に残ることになった。

その後、昭和十八年（一九四三）に東京府が東京都になった。昭和二十二年には北海道庁が都道府県と同じように、一つの自治体としての北海道に変更になった。同四十七年には、終戦後占領下にあった沖縄県が本土復帰をはたすという変遷をへて、ここに、現在の四七都道府県が揃うことになったのである。

〔市町村〕

市町村の場合は、明治前期の大区小区制などという試行錯誤をへて同二十二年に市制と町村制が施行され、新たな公的地名としての市町村名が定まっていった。

明治二十二年四月一日に市制施行された最初の市は三一市あり、京都や長崎、横浜などいくつかの例外を除けば、金沢や仙台、福岡など人口の多い旧城下町が市に定められたのである。さらに、市についで人口の多い地域一二五〇余が町となり、残りは一万四〇〇〇弱の村となった。当然、地名もふえることになった。

このようにして明治二十二年に、新たに市と町が行政上の単位として登場してきたのである。こうして定められた町は独立した自治体であり、江戸時代の宿場町・門前町・塗師《ぬし》町・呉服町などという町とは、性格が異なる。

村の場合はどうだったのであろうか。市や町と同様に、村にも新たな自治体として議会を開設させ、役場を置いてさまざまな行政事務をとらせようとした。さらに小学校も設けようとしたのであるから、江戸時代までの村のままでは規模が小さすぎた。そこで政府は、村をいくつか合併させて、新たな村を発足させることにしたのである。そのため、江戸時代後期には六万五〇〇〇ほど存在した全国の村は、明治二十二年の町村制施行を機に、一挙に一万四〇〇〇弱に減ってしまった（『地方行政区画便覧』による）。このような近代の村を、江戸時代の村（いわゆる藩制村）と区別するために行政村と呼ぶことがある。減ったとはいえ、それまでの村が持っていた地名が消えたり減ったりしたわけではない。旧来の村名は、新たな村の中に大字《おおあざ》名として存続することになったのである。検地によって記録化されていた小地名の多くも、大字の中の字（小字）などとして地籍台帳上に記されることになった。のみならず、合併によって生まれた村の多くは、新な村名を創出させることにもなったのである。

このようにして明治二十二年に誕生した市町村が、その後、合併を繰り返して現在にいたっている。合併にさいしては旧来の市町村名が踏襲される場合も少なくなかったとはいえ、新たな名称が考えられることも多く、地名はその分だけふえていくことになった。

ところで、都道府県―区・市・郡―町村―大字―字と細分されていく公的地名は、現在いくつぐらいあるのだろうか。『全国市町村要覧（平成二十四年版）』によると、市は七八

八、町は七四七、村は一八四となっている。繰り返された合併によって市はふえ、町村（とくに村）は減少の一途をたどることになったわけである。ちなみに昭和五年には、市一〇九、町一五二八、村一万二九二だったのである。

それよりさらに細分された大字と字（小字）の数はとなるとどのくらいあるのか、二〇〇〇万以上ともいわれているが確かなことはわからない。

地租改正の準備としての明治初期の内務省地理局の調査によると、全国の字（小字）に相当するぐらいの小地名は一五〇〇万以上あった、とその資料を調べたことのある柳田国男は述べているが、この資料は大正十二年の関東大震災で大部分焼失してしまった。その後の都市部の発展によって、土地利用はさらに細分化が進んでいるはずである。なかには消えていった地名があるとしても、ふえた地名の方がはるかに多いであろうから、現在の公的地名はじつに厖大な数にのぼるはずである。

新しい公的地名

都道府県名

ここで、近代以降の新しい公的地名の命名について、都道府県別に編集されている『日本歴史地名大系』（平凡社）と『角川日本地名大辞典』（角川書店）を参考にして、少しみていきたい。

まず四十七都道府県の命名の由来を、筆者なりに類別すると、左のようになる。

A　県庁所在地の名にもとづくもの

1　旧藩名・城・城下町の名

秋田・山形・福島・富山・福井・静岡・大阪・和歌山・鳥取・岡山・広島・山口・徳島・高知・福岡・佐賀・熊本・鹿児島

2　郡の名
岩手・宮城・茨城・群馬・埼玉・山梨・愛知・滋賀・島根・香川・大分・宮崎

3　町村などの名
青森・千葉・神奈川・新潟・長野・兵庫・奈良・長崎

4　初期の県庁所在地の名
栃木・石川・三重

5　都市の名
京都

6　国の旧名
愛媛

7　島の名
沖縄

B　その他
北海道・東京・岐阜

県設置時の県名は、圧倒的に県庁の置かれることになった地域の名をとって命名されていたことがわかる。

県が誕生することになって県名が決まり、県庁所在地が定まるというのが順序ではあろう。しかし、明治初期の廃藩置県さらに県の統合等にさいし、なかなか衆知を集めるというような余裕がなかったのかもしれない。県が決まる以前にのちの県庁所在地になる大城下町が存在していたのであるから、多くの県名はその城下町や城の名から採用され、その上で県名のもとになった城下町などを県庁所在地に定めたということであろう。

Aの、県名のもとになった県庁所在地名は、福井、大阪、広島、熊本など、江戸時代の藩名・城名・城下町名をとった例が多い。

そういうなかで、岩手・宮城・茨城・栃木・群馬・東京・石川・愛知・島根・香川・愛媛の各府県も、仙台や水戸などというように、どれも堂々たる城下町に県庁が置かれたのであったが、城下町名は県名に採用されることはなかった。それには、それなりの理由があったものと思われる。

たとえば、宮城県は県域全体が旧仙台藩領であるのに仙台県としなかったわけは、新政府に対し、戊辰戦争《ぼしんせんそう》で奥羽越列藩同盟《おううえつれっぱんどうめい》に重きをなした仙台藩の名を、県名にするのを遠慮したのではないかとされている。

石川県の場合には、明治五年に県庁が石川郡美川《みかわ》町に置かれたために石川県として誕生し、県庁はすぐ翌年に加賀百万石の城下町金沢に移ったのであるが、県名はそのままで変更されなかった。そのため石川という県名は、結果として郡名からとったことになったのである。このほか郡の名を県名に採用した例には栃木・三重の両県がある。両県とも県庁はそこからまもなく宇都宮、津へ移ったのであるが、石川県同様にいったん決められた県の名は変更されなかったのである。

それと異なるのが青森県で、いったん城下町の弘前を県庁所在地として弘前県が誕生したが、二十日ほどで県庁が港町である青森町に移ったので、県名も青森県に改められたのであった。

県庁の設置された城下町ではない町村の名から採られたものも多い。そのうちでは新潟にしろ兵庫・長崎にしろ、繁栄していた大きな港町が目につく。

京都は、古代からの都城名である。

愛媛は、伊予の国の旧名とされる愛比売《えひめ》を県名にした。県は国の範域を一つの目安として定められたのではあるが、旧国名であれ、とにかく国名を県名にしたのは愛媛だけである。愛媛を県庁所在地名にもとづくとするのはいささか無理かとも思うが、国名をとったものとしてここに類別してみた。

多くの島嶼《とうしょ》からなる沖縄は、そのなかの本島の名を県名にしたのである。

Bの、県庁所在地の名にもとづかない東京都、北海道、岐阜県についていえば、東京は京都に対する東の京という意味での命名であるが、都（府）設置以前にすでに東京という都市名が成立していたことを考えれば、都市名にもとづいた命名だともいえる。

北海道の場合は、それまで蝦夷地と呼ばれていた地域が、明治二年（一八六九）に、かつての五畿七道にならって北海道と改称された。明治十九年に札幌に北海道庁が設置されて開発が進められ、昭和二十二年（一九四七）に、北海道として現在のように独立した自治体となったのである。

岐阜県はいくらかわかりにくいが、初期の県庁所在地である厚見郡今泉村の近くの大きな町（岐阜町）の名からとったのである。県庁の地は、そのあと今泉村がその岐阜町と合併して岐阜市となったので、結果として県名と県庁所在地名は一致したことになる。

このようにみてくると、都道府県名の場合、近代になって新たに創出された地名は北海道と東京都だけである（愛媛もそうだといえるかもしれない）。余談だが、現在ならば住民投票などによって、平和県、日本中央県、みどり県などが誕生することになるかもしれない。

郡はほとんどが旧来の名を用いていると思われるから、ここでは問題にしない。

市町村名

市の名については、最初は仙台や岡山、鹿児島など確たる城下町名や、新潟とか長崎のように繁栄していた港町の名があったので、すんなり決まったことであろう。町の名もそれまでの大きな町の名が踏襲されたことだろう。難しいのは、それ以降の合併の場合であった。

合併にあたっては当該各市町村のメンツも尊重しなければならなかったであろうし、新しい名前を世間にアピールする必要もあることから、それぞれ苦心のあとがうかがえ、命名事情にはたいへん興味深いものがある。これから、そのいくつかの事例をみてみよう。

市町村合併のさい、自他ともに認める一つの中心市町村があれば、その名が、新たな市町村名として踏襲されるのが普通である。さもなければ、地域ゆかりの自然景観とか寺社、歴史的事柄などから、新たな市町村名が生みだされるのが一般である。

昭和三十年、合併によって、空海（弘法大師）ゆかりの伝承を持つ満濃池から命名した香川県の満濃町（現・まんのう町）は、歴史的事柄（この場合には伝説であろう）から命名された一つの例である。いわゆる平成の合併によって誕生したものでは、山梨県の南アルプス市も、南アルプスの麓の地であるからそうである。

平成の大合併ではいろいろな市町村名が考案された。著者はこの合併における命名上の特徴として、中央市（山梨県）や奥州市（岩手県）、四国中央市（愛媛県）などいわば壮大な地名が出現したことと、さくら市（栃木県）やさいたま市（埼玉県）のように表記として平仮名地名が多数生まれたこと、それに旧国名が各地で市町村名として採用されたことが、挙げられるように思う。

平成の合併では、旧国名が人気があった。市ではそれまでも、いわき市（福島県）、伊勢市（三重県）、長門市（山口県）、土佐市（高知県）、日向市（宮崎県）など十五市ほど存在していたが、平成の合併では、伊豆（静岡県）に伊豆市や伊豆の国市が新たに誕生し、それまであった東伊豆町、西伊豆町、南伊豆町とともに（中伊豆町もあったが伊豆市の一部になった）伊豆の名は引っ張りだこだったのである。丹波の国は京都府と兵庫県にまたがり、大阪府の一部にもおよんでいた。多くは京都府であったが、兵庫県の一部が丹波市を先に名のったので、現在は丹波市（兵庫県）と京丹波町（京都府）というように二県で丹波の名が用いられている。むつ市（青森県）や下野市（栃木県）、佐渡市（新潟県）、越前市（福井県）、淡路市（兵庫県）など二〇ほどの旧国名が、平成の合併により市・町の名前として一挙に復活してきたのだった。

採用されなかった地名

平成の合併で、一応候補には挙がりながらも結局実現しなかったものに、太平洋市（千葉県）、中央アルプス市（長野県）、黒潮市（高知県）などがあった。なかなか凄い名ではあり、地元でも賛否が分かれたようである。太平洋やアルプス・黒潮は他に関係する地域が多いのに、それを早い者勝ちに一人占めしようとした候補名だった。結局は実現せず、太平洋市が郡名にもとづいて山武市になったほかは、合併そのものが成就しなかったのである。片岡正人『市町村合併で「地名」を殺すな』によると、熊本県には天草シオマネキ市、鹿児島県にはブルー奄美市という名も考えられていた。シオマネキは天草諸島の可愛いらしいカニのことらしいが、結局はシオマネキは死を招く連想をさせるという理由で採用されず、上天草市に決まった。ブルー奄美の方はブルーを除いて無難な奄美市になった。このような目新しい市町村名の是非については議論も多いであろうが、命名にはいずれも知恵が絞られていたのである。

合併する市町村名の一文字（とくに頭文字）を組み合わせて、新市町村名とする場合も多い。平成の合併でも多かったが、それ以前でもたとえば、東京都の大田区は昭和二十二年に大森区と蒲田区が合併してつけられた区名であるが、当時は大森・蒲田という馴染みの地名が区名から消えるのを残念がり、安易に一字ずつをとって大田区にすることに批判も多かったようである。余談ながら、一字ずつとるのは会社の合併にもあるのだろうが、三菱東京ＵＦＪ銀行などは、一字とはいわずに全部重ねて名乗っている。

核燃料の再処理問題で知られた青森県下北半島の六ヶ所村のような名前は、ある意味でわかりやすい。明治二十二年の町村制施行時に六つの旧村が合併して誕生したから、六ヶ所村と名づけられたのである。三郷《みさと》市（埼玉県）・七会《ななかい》村（現・茨城県城里町）など、全国に多い命名法である。名前のつけ方としては単純であるが、旧村に甲乙をつけないという点で無難な命名だといえよう。

願いを込めた地名

これをひとひねりしたのが、かつて神奈川県愛甲郡にあった睦合《むつあい》村である。いまは厚木市と合併して村名はなくなっているが、昭和二十一年に六つの村が合併し、これから睦まじくやろうという願いから、六ヶ所や六会・六合ではなく、睦合と命名したのであった。その後の合併において消えたものも多いが、過去の合併において、いったん睦合の名や睦美・六つ美などと命名した町村は少なくなかったのである。

神奈川県の大和市《やまと》は、奈良県でもないのになぜ大和市なのかと訝《いぶか》っていたら、明治時代に、前身の大和町が誕生したさいに村名決定で異論がでたため、県の仲介によって「大いに和する」の意から大和村と命名したのが、現在の市名に引継がれているのである。現在は光市と合併した山口県の大和町も同じである。『新版　旧市町村名便覧』（日本加除出版）によると、現在は周辺の市町と合併して消えてしまっていても、近代の合併において一度は大和を称した町村は二六にのぼる（他に大倭・倭・大和《だいわ》もいくつかある）。すべて奈良県以外の町村なので、旧国名から採ろうとしたのではなく、和を尊重しようとして命名したのであろう。合併後の和は大切で、大和と名づけられた町村の多かったことから、町村合併における新たな命名の困難さがうかがえるのである。

熊本県天草郡の五和町《いつわ》は、昭和三十年に一町四村が合併したさい、五町村が「和の精神で結ばれる」ことを願って命名されたという。同じような理由で昭和三十年前後の合併では、三つの自治体が一緒になったので三和と名づけた町も多い。平成の合併で消えてしまったものもあるが、京都府や茨城・新潟・広島県などの三和町がそうである。長崎県の三和町は公募によって町名が決まったらしいが、この名前を提案した人の気持も同じ思いだったことであろう。表記は少し異なるが、愛知県の美和町、熊本県の三加和町も同じ思いだったのである。これらの命名には、合併後はこうありたいという前向きの気持が背景に秘められているのであり、名のり的命名なのである。

ストレートに、平和村とした例もある。愛知県中島郡平和町（現・稲沢市）は、明治三十九年に周囲の諸村が合併したさいに村名決定で紛糾し、当時の県知事が平和にやってほしいとの意で、平和村と命名したとの由来を持っている。

滋賀県の豊郷町や愛知県弥富《やとみ》市、島根県那賀郡の弥栄《やさか》村（現・浜田市）、広島県の豊栄町（現・東広島市）は、いよいよ豊かになるとか栄えるように願って命名されたわけで、このような例も各地に少なくない。願いが素直に表現された命名だと思う。

著者はこれらの工夫と努力を評価するが、かつて柳田国男は批判的にみていたように思われる。大正元年（一九一二）の「地名の話」（『地名の研究』所収）において、次のように述べている。

今日（著者註：大正元年）の新町村の名を見ても随分気まぐれな付け方をしたのが多い。明治村や協和村の類を始め或いは明治廿三年市町村施行当時の社会状態を想像せしむる材料ともなろうが、十三の大字を集めて十余三《とよみ》村と云ったり、七つの大字を合わせて七会村と云ったり十一の大字で仲よく暮そうと云うので土睦《つちむつ》村と云ったりするのは後には何の為に斯《こ》う云う名を付けたのか分らぬことになるかも知れぬ。又大字の頭文字を一つ宛持寄って名を付けて居る所もある。……甲州の北巨摩《こま》郡に水上青木折居樋口の四つの大字で水と青と云う字を合わせて清、折と口を合わせて哲、青哲村とした。是などは他日青哲と云う坊さんでも開いたと云うことになるかも知れない。

云々

名のり的命名の増大

昭和三十年代半ば以降の高度経済成長によって、大都市近郊の田畑や丘陵地が新しく住宅地として造成され、そこにはつぎつぎに新地名が誕生した。田畑や丘陵地の雑木林には、字名などそれまでにも地名は存在していたが、それまでの農耕や薪炭生産などとは異なる新たな土地利用にさいして、土地はそれまでとは格段に細分化されることになった。そして細分された土地には、新たな命名がなされたのである。

『横浜の町名』にもとづき、開発造成の激しい横浜市を例にして述べてみよう。

港北区と緑区（緑区も昭和四十四年に港北区を分割した区であるが）にまたがる地域の一部に、人口急増によって、平成六年に、都筑《つづき》区と青葉区という二つの区が新設されることになった。そのさい区名として、都筑区の方は奈良時代からのその辺り一帯の古い郡名からとって区名としたが、青葉区の場合には、「木々に囲まれた美しい街のイメージ」「若い芽がいきいき育つように、将来に向けて、伸びやかに発展する区でありたいと願って」、青葉区と命名されたのである。開発以前のこの地には雑木林が多く、それまでも春から夏には青葉若葉の地ではあったのだろうが、命名の理由はそのような実態を観察した結果ではなく、明らかに地域の雰囲気が、青葉の持つイメージになることを期待しての命名だった。そして同区内の町名の多くも、青葉台・あざみ野・藤が丘・桂台など植物に因んで命名されたが、これも実態によるというよりも、地域がそういう美しい雰囲気になるようにとの願望からであった。梅が丘という町名もあるが、梅林が多かったからではなく、これもイメージの美しさからの命名だったのである。そのものずばり、美しが丘という町名もつけられた。

また、こういう命名の仕方もあった。青葉区のつつじが丘は、緑区時代に町づくりにふさわしいとしてつけられていた名であるが、その後隣地が開発されたさいに、隣地の方にはこれと対応させる意味で、さつきが丘と命名された。近くに桜台があり、これも「花が美しく、古来人々に好まれた縁起の良い木」として桜の名が採られたのであったが、隣地が開発されたさいには、「右近の橘、左近の桜」にちなんで、隣地はたちばな台と命名されたのである。住民の意思によるのか業者の考えなのかはわからないが、面白い発想だ。同じ横浜市の戸塚区に若竹町があるが、ここが竹の名産地だったわけではなく、宅地開発の進んだ昭和四十年代に、新しく移住してきた人びとによって、当地域が若竹のようにすくすく発展してほしいとの願いをこめて、命名されたのである。旭区には、四季美台《しきみだい》という凝った町名がある。昭和四十年代に住民投票によって、四季を通じて美しい地であるように願って命名されたのだった。

これらと同様な命名動機を持つ地名は、全国の大規模宅地開発地には数かぎりなく存在することであろう。

右に述べた睦合・平和・弥栄・四季美台等々の新地名はすべて、著者のいう名のり的命名である。宅地開発によって、歴史を持つ大字名や字名が消えるという由々しき事態は生じているものの、新たな名のり的命名による地名が増え、それらには住民の意気込みや夢が盛り込まれていて悪くない。公的地名には、今後、このような地名が多くなっていくのではないかと思われる。

地名の分類

本章の最後に、地名の分類について少しばかり考えておきたい。

全国の大小無数の地名を分類するのは容易ではないが、さりとて地名を問題にする以上、呆然と立ちつくしているわけにはいかない。分類することによってみえてくるものは多いであろう。というわけで、従来、地名の分類はいろいろ試みられてきた。しかし、分類にあたっての基準のたて方も各人まちまちで、多くの人が参考にする分類が確立されているわけではない。地名研究にとって、分類は厄介であるからか、主たる課題ではなかったように思われる。次にいくつか、簡単に紹介しておこう。

柳田の地名研究についてはすでに触れたので、簡単にとどめておくが、地名は土地利用の段階に応じておおよそ利用地名、占有地名、分割地名の順序で命名されていったと考えるのである。柳田の分類は人と土地とのかかわりをみる上で示唆に富む考えではあるが、地名を考える上での、あくまでも原理のようなものである。

柳田より遡る明治後期の『大日本地名辞書』で吉田東伍は、土地への命名は次の七つのどれかの理由によってなされているとした。筆者なりにまとめてみよう。

1　地形にもとづくもの。［例］志摩（島がちのところ）・須賀（洲のところ）

2　土地の位置・形状・性質にもとづくもの。［例］新治《にいばり》（新墾の田や村）

3　特徴的な天然物にもとづくもの。［例］助川《すけがわ》（鮭の多い川）・紀伊（木が多い地）

4　人造の存在物にもとづくもの。［例］門前・堀内

5　氏族・部民・人物などの呼称にもとづくもの。［例］物部・久米

6　さまざまな人事によるもの。［例］浪速・安来（スサノオノミコトがこの地へきて心が安らけくなったという故事）

7　移住などにより元の地名を移したもの。［例］熊野（各地にこの地名が多いのは人や神の移動に伴い持っていったから）・富士（形の好ましさにより、各地の形の似た山に用いたもの）

吉田の分類は、柳田のように土地の活用すなわち土地と人とのかかわりを念頭においたダイナミックなものではないが、具体的でわかりやすいので、それぞれ独自の修正を加えつつ多くの研究者に参考にされている。

山口弥一郎の分類は地形地名・開拓地名・信仰地名・交通関係地名・雑地名であるが、信仰地名・交通関係地名など新しい概念を設けているとはいえ、全体としてみると吉田の分類に影響されているといえよう。

近年の『日本地名学を学ぶ人のために』には、分類と断ってはいないが、編者やそれぞれの執筆担当のあいだには、地名を自然地名（地形・地質関係地名、植生・植物関係地名、動物関係地名）、文化地名（産業地名、商業地名、宗教地名、人名地名）、交通地名（交通集落

関係地名、交通路関係地名）に分けて捉えようとする考えのあったことをうかがうことができる。

これらに対して、千葉徳爾の分類は体系的であろうとしている。千葉は地名を、地表の特定部位を示す地理的名称から、南極点・北回帰線など特定地点や、線などの位置名および太平洋など海面名や漠然とある広がりだけを示す領域名などを除いて考える。その上で、山・川、道路、原野・森林、耕地、集落・町村名など、住民が日常的に呼称する土地の名称だととらえている。そして、地名を固有地名と一般地名とに分けて考えようとするのである。

固有地名を公称地名と私称地名とに分ける。公称地名とは、都道府県名・市町村名やそのなかの大字・字（小字）名、道路や河川名のことで、範域が画定され、地籍図や一般の地図に載っている地名のことである。私称地名の性格づけは悩ましく、公称地名のなかにもかつての私称地名から採用されたものが含まれ、さらには一般地名との違いも明確にしがたいものが多い。

したがって、固有地名のうちの私称地名と一般地名とをひっくるめて、公称地名とは異なる地域住民による一般通用の地名としておいてよいだろう。私称地名と一般地名間の線引きは難しく、千葉は別のところでは、一緒にして通称地名と呼んで公称地名と対比させているくらいである。ただ、千葉が明確に述べているわけではないが、固有地名の公称地名・私称地名、および一般地名に含まれる個々の地名の分類は、結局のところ吉田東伍の分類に近いものになっているように思われる。

ところで筆者は、土地と人とのかかわり方から考えようとした柳田の分類にも魅力を感じるが、地名そのものの分類としては、命名の契機となった事柄を基準にして、自然地名、文化地名、期待地名に三大別した上で、次のように十分類するのがよいのではないかと考えている。

Ⅰ　自然地名
1　地形や土地の性質にもとづく名称
2　気象条件にもとづく名称
3　動植物名にもとづく名称
4　災害など自然の変化にもとづく名称

Ⅱ　文化地名
5　開墾・土地利用にもとづく名称

6　神仏名にもとづく名称
7　建造物や建造物の関係者名にもとづく名称
8　農漁工商などの生業や産物にもとづく名称
9　伝説や歴史的事柄にもとづく名称

Ⅲ　期待地名
10　土地への希望やそこでの生活の抱負・期待にもとづく名称

そしてこれらすべてに、柳田のいう分割地名が生じるであろうことを、つけ加えておきたい。

右のうちⅠ自然地名はその土地に備っている自然条件の特徴をとらえた名称であり、Ⅱ文化地名は、文化の概念を広くとって、その地での精神的物質的なあらゆる営みの特徴が地名として用いられたものである。このⅠ自然地名とⅡ文化地名は、人びとが過去において眼前にしたり感じたり経験したことや伝承されてきた事柄が命名の契機となり、受容され定着したものである。

それに対してⅢ期待地名とは、過去の事情にとらわれず、命名段階におけるその土地の未来への期待感や抱負、決意が地名に結実したものである。自由ヶ丘とか弥富町など比較的新しい地名がこれである。従来の地名研究においてはほとんど問題にされてこなかったといってよい地名であるが、現在、着実に増加している地名である。

この期待地名は、従来の地名を破棄して命名されることが多い。新地名を推進した関係者以外からは、伝統無視だとか奇抜な名前だとかいって揶揄批判の対象にされることが少なくないが、町村合併が進められたり、現代のように土地の再利用が進むなかにあって、期待地名は今後ますますふえることが予想される。歴史学者や歴史地理学者からは苦々しく思われたり、一般の人びとには眼前に生起しているあまりにも卑近な命名であるゆえにとくに問題意識には上ってこなかったりしているのであろうが、人びとの土地への認識や土地活用への希望を探ろうとする場合、期待地名は、今後、無視できない地名になると著者は考えているのである。

家の名、人の名

家の名

氏と姓

現在の日本では天皇と皇族は別として、誰でも苗字と名前を持っている。苗字は一般に家の名とみられているが、近代的家制度が法律上なくなった現在においては、家族名と考えるのがよいのかもしれない。戸籍法の用語としては氏である。したがってわれわれ個人は、氏と名によって他の人から特定されているのだということができる。学校の出席簿をはじめいろいろな名簿には氏（苗字）と名前が記されているし、何かの書類に記名する場合にも、氏と名（名前）の欄の設けられているのが普通である。氏と名のセットがその人の個人名と考えてよいのである。

苗字や氏と似たような語に姓もあり、書類の氏名欄が姓名欄となっている場合もある。

国語辞典も氏名と姓名は同じ意味だとしている。現在われわれは、苗字・氏・姓をいずれも家（あるいは家族）を指す語として考え、かつ個人を特定する要素として何の疑いもなく用いている。しかし、苗字・氏・姓は歴史的には異なっているし、諸外国には、日本のように家の名というものを持たない例も少なくないのである。

本章は人の名前の諸相を述べるのが目的ではあるが、このような事情から、日本の人名の特徴の一つともいえる家の名を考えることから、話を進めていきたい。

苗字の語が一般的になるのは氏や姓よりも時代的に遅れるので、まず、氏と姓からみていこう。

氏は物部《もののべ》氏・大伴《おおとも》氏というように、もともとは古代の豪族を指していた。当時はウジと呼ばれ、そのリーダーが氏上《うじのかみ》であり、氏上の血縁者が氏人《うじびと》だった。このような父系の血縁集団を中核とし、血縁者以外や奴婢までをも含めた豪族としての一つの組織が氏だったのである。氏の名称としては、葛城《かずらき》氏・当麻《たいま》氏のように本拠地の地名を用いたり、弓削《ゆげ》氏（弓矢製作）・犬飼氏（猟犬の飼育・訓練）・錦織氏（錦織物製作）のように、朝廷に仕える職能名を名のっていたのである。物部氏・大伴氏は、ともに武器や兵士を所有して軍事面を担当する氏だった。藤原氏も氏の一つで、天智八年（六六九）に天智天皇のはからいによって、鎌足がそれまでの中臣から、住居のあった藤原という地名を氏とするように変更したのである。

氏の数はというと、平安時代初めの『新撰姓氏録《しんせんしょうじろく》』によれば、当時の畿内には少なくとも一一八二はあったようである。これらすべてが代々の職によって朝廷に直接仕えていた豪族というわけではなく、小血縁集団としての農民や、地方豪族としての氏も多かった。

氏の長者である氏上《うじのかみ》は、このような有力な氏という組織を率いて天皇に仕えていたのであるが、天皇はその職分に応じて大臣《おおおみ》・大連《おおむらじ》・宿禰《すくね》・直《あたい》・史《ふひと》というような姓《かばね》というものを与えていた。氏上の側からいえば「賜姓（姓を賜わる）」は名誉なことで、蘇我大臣稲目（稲目は名前）というように、氏の名とともに姓を並称していた。このことは、律令制のもとでは官人という高い身分であることを示すものだったのである。姓の称号は公的には長く尊重されつづけるが、しだいに姓を与えるといいながら氏を与えたり、氏・姓を一緒に与えるというケースも出てきたりして、平安時代になると氏と姓の区別が曖昧になったり、氏と姓が一体と考えられるようにもなっていったという。

天皇が親王の皇籍をはずして臣籍降下させるさいの賜姓も、平安時代に多くなった。これは本来の位階としての姓というより、実質的には氏を与えたのだと考えてよいとみられている。有名なのは源と平の姓で、源は嵯峨天皇の親王が賜わったのが最初であるが、その後、いろいろな天皇が親王を臣籍降下させる場合に、源を与えるようになった。源義家などを生み、のちに武士の棟梁として栄えたのは、そのうちの清和《せいわ》天皇が臣籍降下させた経基《つねもと》王の系統の源で、一般に清和源氏《せいわげんじ》と呼ばれている。鎌倉幕府を開いた源頼朝も、もちろんこの系統である。一方の平では、平将門を生んだり平清盛を擁していわゆる源平時代を席捲したのは、桓武《かんむ》天皇の葛原《かずらはら》親王の系統をひく平氏で、桓武平氏《かんむへいし》と呼ばれている。

よく源平藤橘《げんぺいとうきつ》が四姓《しせい》だといわれるが、四姓とはいっても、源氏と平氏の例でもわかるとおり、源・平・藤原・橘は、臣とか連・宿禰などという古代の姓の名称とは異なっていて、氏と同じものとして理解されているように思われる。このうち橘は奈良時代直前からの姓（氏）で、当時の政治に重きをなした橘諸兄《たちばなのもろえ》・橘奈良麻呂の系統である。藤原は先に述べた藤原鎌足以来のもので、長く貴族社会に名門として栄えることになった氏である。なお、源平藤橘をセットにして四姓というのは、鎌倉時代初期からのことだとされている。

これらは代表的な姓であるために、のちに実力をつけてきた武士たちが好んで自らの系譜をこれらに結びつけようとした。有名なところでは、徳川家康を輩出した三河国の松平家は、上野国の新田氏の末裔と称して清和源氏に繋がろうとしたし、織田信長は平を名乗っている。

名字・苗字

一方、苗字についてであるが、苗字という表記は江戸時代に入ってからのようで、それ以前は名字と記されていた。

奥富敬之『名字の歴史学』や大藤修『日本人の姓・苗字・名前』によると、名字の語はすでに奈良時代に用いられていたが、そのころは姓の名という意味だった。平安時代に入ると、藤原氏のように栄えた貴族の一門はいくつもの系統に分かれてそれぞれ藤原と称したので、それらを区別するために邸宅の地名をとって富小路殿とか一条殿、堀川殿などと呼ばれるようになり、しだいにそれらが家系の呼称に転じて、名字になったのだという。西園寺や徳大寺のように、先祖が建立した菩提寺の号を名字にする例もあった。

この影響が東国の武家にもおよび、平安時代中後期以降しだいに住まう土地の名を名字とし、それを自分の名前の上につけて名乗る有力武士が増えていった。しかし武家の場合の土地は、公家のような単なる邸宅地ではなく、父祖や本人が一族郎等を率いて開発した大事な土地であったり上位者から与えられた土地であり、子孫にも継承させるべく一所懸命に守ろうとする本領の地である。武家の名字には、このような土地を死守する者という、強い名のりの意思が表明されていたのである。

同じ清和源氏の系統に属し、のちに歴史の表舞台で対決することになる新田氏と足利氏は、それぞれ本拠として、上野国《こうずけ》（群馬県）新田荘や下野国《しもつけ》（栃木県）足利荘を領していたことによる名字である。このようにして平安時代後期から鎌倉時代にかけ、武田（甲斐国）、佐竹（常陸国）、三浦・和田（ともに相模国）、その他多くの有力武家が本領の地名を名字として名のるようになっていった。江戸幕府を開いた徳川氏も三河国加茂郡松平郷の豪族で、もともとは松平氏を称していたのである。これらの名字が家の名として継承されるようになり、氏や姓との区別がつきにくくなっていったのである。

土地の名のほか、古代の姓を名字とするようになった例もある。長谷や日下がそうだという。

また、地方官の職名をもとにした名字も出現した。たとえば、同じ藤原一門からは、藤原の一字である藤をとって安房《あわ》守に由来する安藤、遠江《とおとうみ》守に由来する遠藤、斎頭《いつきのかみ》に由来する斎藤、内舎人《うどねり》に由来する内藤などの名字が作られていった。全国に数多い佐藤の由来には、佐渡守に由来するというものや衛門佐《えもんのすけ》由来など、諸説あるようである。

これらの家々が各地に分流定着することにより、名字は名字本来の地から離れて広まっていくことになる。

同時に、当時の農民には武家と区別のつきにくい者も多かったのだから、それら有力農民も開発した耕地や屋敷地、そこの鎮守などにちなんだ名字を名のるようになっていった。中村、中田、森本、谷田などがそうだとされている。

鎌倉時代にはまだ、先祖を同じくする者という心意を共有して氏意識は強く残っており、かつ公的文書には、古代以来の氏を用いることもあったが（公的文書には江戸時代に入っても用いられる）、鎌倉・室町時代にはこのようにして、氏とは別に全国に一気に名字が増えていき、家の名として認められていった。その大部分は、関係する土地の名からとったものである。

苗字を持てない人びと

江戸時代になると、武士は従来の名田から引き離されて城下町に集住させられたためか、名字という表記に代わって苗字が一般化し、苗字は武家の間で同族結合の象徴とも家の格式を示すものともなる。そして、苗字は武家以外に許されることがなくなったのである。事実、「宗門人別帳《しゅうもんにんべつちょう》」など当時の公的文書には、とくに許された家の場合を除いて、農・工・商家の苗字は記されていない。

苗字を使わなくても、江戸時代には、たとえば父・三右衛門が隠居するか死去すればその跡取り息子が同じく三右衛門を名乗るというように、家督相続のさいに子が父の名前を襲名する慣行が広くおよんでいたので、この襲名されていく名前が家の名と同様の機能を果たすようになっていたと考えられる。それに加えて家には、後述するような屋号や家印《いえじるし》もあった。したがって、家の名として苗字が禁じられていたとしても、それぞれの地域内においては、日常生活の上でそれほど不便でなかったのではないかと思われる。

また、苗字が許されていなかったとはいっても、それは公称ができなかっただけである。武家以外の家にも中世以来の苗字（名字）は継承されていたし、新たに興った家においても新たな苗字が私称されてはいたようである。たとえば、上野国宮子村（現・群馬県伊勢崎市）の天保十四年（一八四三）九月の「頼母子《たのもし》取立御加入御姓名帳」には同村の住人四五名が記載されているが、そのすべてに苗字が記されている（上野・森編『名前と社会』）。この頼母子帳は、頼母子講に関する加入者同士の私的な心覚えだったから、苗字が記されたのであろう。このうちの三五名が近代以降に同じ苗字を称したというから、明治時代初期に急に苗字を称さなければならなくなっても、全国的に大きな混乱が生じなかったのは、公称こそ禁じられていたとはいえ、江戸時代においても多くの家が苗字を持っていたからであろう。頼母子帳のような私的な文書のみならず、供養塔など各種石碑に苗字が記されている例も、決して少なくないのである。

明治時代に入ると四民平等《しみんびょうどう》の方針にしたがって、明治三年（一八七〇）九月に、「今より平民に苗字を許され候こと」という太政官布告（第六〇八）が発せられ、かつての武家以外の者にも苗字の公称が許されることになった。そして明治四年四月には戸籍法が制定され、翌五年には家を単位として戸籍が作成されたのである。この戸籍は、明治五年の干支が壬申《じんしん》であったことから壬申戸籍と呼ばれた。明治四、五年は、廃藩置県や学制公布、太陽暦採用などさまざまな重要新法が制定された年であるが、戸籍の作成も、新国家として徴税や徴兵のための国民把握上どうしても急がなければならないことだったのである。この苗字を戸籍上は氏と呼んだわけで、家の名である近代の氏が、古代の氏と性格の異なるものであることはいうまでもない。

戸籍と苗字

苗字を称すことが許されても、明治三年段階ではまだ称することが義務ではなかったので、苗字を届け出なかったり、もともと持っていないために届け出ることのできない者がいた。また、親子兄弟で異なる苗字を称したり、妻が実家の苗字を届け出て受領されるケースが生じるなど、当初はいささか混乱したようである。

そこで明治八年二月には、「今より必ず苗字を相唱え申すべし、もっとも祖先からの苗字が不明であれば、新たに苗字を設け候よういたすべし」という太政官布告（第二二号）

が出され、今度は、それまでに苗字を持っていなかった者も新たに苗字を設けて、必ず苗字を称さなければならないことになった（外岡茂十郎編『明治前期家族法資料集〈家族法関係法規集〉』）。苗字の義務化である。すべての家に苗字すなわち氏を公称させ、国家として戸籍を確定することによって、国民把握の徹底をはかろうとしたのである。このとき急いだために、動植物名などからとった一風変わった苗字も各地に誕生したといわれている。

さらには、このような動きのなかで、華族から平民にいたるまですべての国民に、いったん戸籍に登載した苗字（氏）の改称が禁止されたり、名前の実名・通称の併用が禁じられ、個人は生涯を通じて実名一名主義とすることなどが徹底されていったのである。そして再び明治三十一年六月には新たな戸籍法が制定され、そこでは、妻は夫の苗字を称すべきことが確認されるようになったのである。

その後は、おおよそこのまま大正時代・昭和戦前期をへて、第二次世界大戦後の昭和二十二年までつづき、昭和二十三年一月一日より、現在われわれが従っている戸籍法が新たに施行された。新しい民法では近代的家制度が認められなくなったので、戸籍は夫婦とその子供ごとに編製されることになり、そのさいの苗字（旧民法時代と同じく戸籍上は氏とされた）は、夫婦は同一でなければならないが、結婚以前のどちらの苗字を称してもよいことなったのである。とはいえ、従来どおりの明治以来の方式が慣行となって踏襲され、現在でも夫の苗字を夫婦の新たな苗字にする例が圧倒的に多いのである。それに対して近年では、夫婦は別々の苗字を称するのがよい（あるいは称すべきだ）という夫婦別姓論がしきりに唱えられるようになり、苗字をめぐる議論がなされるようになっている。

ところで日本には、現在、苗字はいくつぐらいあるのだろうか。これまで述べてきたように、苗字は鎌倉・室町時代に一挙にふえ、明治八年に必ず苗字を称すべしとの布告によってさらに増加し多彩になった。丹波基二『日本苗字大辞典』（芳文社、平成十八年）によると、現在、三〇万ともいわれている。これに対し、近隣の韓国では二五〇ほど、中国では五〇〇〇ほどかとも、また通常用いられているのは五〇〇ほどともいわれている。両国の呼称と日本の苗字とは性格が異なるので同一に比較するのは乱暴ではあるが、それにしても日本の苗字はたいへん多く、家族表象の特徴といえよう。

屋号

同一地域に同じ苗字の家が複数あれば、それらの家々の区別をしなければ日常生活上、不便である。二、三軒であれば、本家の田中、分家の田中とか、東の田中、中の田中、西の田中というふうに呼んで、なんとか区別できる。しかし五、六軒以上あったり、はなはだしい場合には一集落ほとんど全部が同一苗字ということもあり、困る。

明治以前には、もともと苗字を持っていない家も少なくなかったであろうから、現在のように苗字で全部の家を区別することはどだい無理だったにちがいない。「宗門人別帳」などに記載されている善右衛門とか弥五郎兵衛などと呼ぶことで区別はできたであろうが、しかし、老若男女が日常的に用い分けるには少々いかめしいし、家数の多い場合には、何々衛門や何々兵衛が多くなりすぎ、ちょっと聞いただけでは区別できないことにもなる。そこで各地では、たとえば、集落の東の入り口にある家であればヒガシノイリ、西の入り口の家はニシノイリ、神社の前の家ならばミヤノマエというように、誰でもわかりやすい呼び名で家々を区別していたのである。これが屋号である。かつて京都の貴族に多かった藤原氏を、堀川殿とか一条殿などと呼んで区別していたのとどこか似ている。

家々を区別する名称とはいえ、屋号は苗字・氏・姓のような公的呼称ではなかった。自ら名のるというものではなく、改まった場で決めるというものでもなく、最初は周囲の誰かの言い出した呼称が皆に自然に認められて、定まっていったはずである。それだけに改変も比較的自由だった。

屋号には全国的に、屋敷地の位置や地形による名称と、家の新旧や家柄・生業にもとづくものがもっとも多い。前者は、イリとかヒガシ、カミ、シモ、カワバタ、テラノマエというようなものである。後者には、ホンケ、ニイヤ（新屋）、インキョ、モトナヌシ、ホウイン（法印）、カジヤ、サカヤ、ヤドヤなどがある。生業による屋号には、カジヤ（鍛冶屋）やサカヤ（酒屋）、ヤドヤ（宿屋）などがあり、その生業を廃してしまった後もそのまま伝承されることが多く、同じ生業の屋号が複数存在した場合には、キシュウヤ（紀州屋）とかエチゴヤ（越後屋）など、店の名をとって呼んでいたケースが多かった。店の屋号が家の屋号になった例である。特徴ある目立つ人物を輩出した家では、マタスケ（又助）とかキンベエ（金兵衛）というように、その人物の名前が屋号になって伝承されていく場合もあった。

屋号から地域の成立や生業の盛衰、家々の新旧をうかがうことが可能なので、民俗学の地域調査において屋号はよく調べられてきた。民俗誌類に蓄積されている屋号資料には厖大なものがある。しかし改変自由な呼称であるために、当該の狭い地域の研究に活用される以外には、屋号が独立した研究対象になることはほとんどなかった。呼称理由を基準に屋号の分類はなされているが、その段階にとどまっている。著者も、山間部や平地部・海岸部・島嶼部など、地域の性格によって屋号の命名に何か明確な特徴があるかと思って少し考えてみたが、いまのところ納得できる結論を得るにはいたっていない。屋号は自称ではなく、地域の人びとが当該の家をどのように認識しているか（いたか）の結果であるから、そういう視点から屋号についての考えを深めていくと、興味深い結論が得られるのではないかと思っている。

家紋・家印

家紋や家印は、定まった図形によって家々の違いを示す標識だから苗字とはいえないが、衣服や重要な家具・器具類、さらには墓碑などにもつけて持主の家を明示し、場合によっては家の格式や同族を表わすことにもなるのであるから、機能は苗字と同じである。

家紋は平安時代中期に、貴族の輿《こし》や牛車《ぎっしゃ》につけられたのがはじまりで、のちに武家の旗《はた》指物《さしもの》に用いられて発達したとされている。江戸時代には一般の家々にも普及して、近代にも継承されてきた。現在では家紋にこだわることは少なくなっているが、長きにわたって継承され家の象徴とされてきたのである。

嫁《とつ》ぐさいに女性は、嫁入り衣裳や道具に実家の家紋をつけていく例が多くみられる。戸籍上の所属は変わっても、どこかにまだ、婚家の一員になりきれないといおうか、実家の伝統を継承しつづける存在だと思われているからであろう。家紋のみならず女性には、明治のごく初期までは、実家の苗字まで名乗りつづけることを認めていた地域も少なくなかったようである。

このほか西日本には、家の紋とは別に、女性のみの紋を定めている家があった。またこれとは別に、実母がその実母から継承した紋をつけて嫁入りし、その紋をさらに嫁ぐ娘に継承させるというように、家とは関係なく女性間でのみ継承されていく紋もあった。これらは一般に女紋《おんなもん》と呼ばれ、女性の立場と家という問題を考えるさいに、無視できない慣行として注目されているのである。

家紋が、どちらかというと上層の家々やハレの時空での家の標識であるのに対して、家印はケの物品につけられることが多い。図像としても、家印の方がはるかに単純である。確かなことはわからないが、家紋よりも家印の方が、古くから使用されていたのであろう。

家印は、どこの家でも同じような物を用いていてまぎれやすい日用の器具や、農具・漁具などにつけて所有主を明示したり、共有山林内で良木伐採の先取権を主張する場合などに用いられてきた。放牧する牛馬に家印の焼印を捺して、所有主の区別をするさいにも用いられてきた。伐採した木材を流送する場合にも用いられた。伐採権の主張や流送材には、木材に家印の焼印を押す場合のほか、鉈《なた》などで、それよりも簡略な木印をちょっとつけるだけのこともあったのである。

家印はいちいち家の名を文字表記するより簡単であるし、視覚にすぐ訴えられるから、読み書きのできない人の多かった時代には、本当に便利な標識だったことであろう。

もう二十数年前になるが、ダムで沈むことになった岐阜県揖斐《いび》郡の旧徳山村を訪ねたことがあった。三十数戸のある集落の道場（寺と同じ施設）の長押《なげし》に、その年に年忌法要をすべき家々や、月々の掃除当番の家が紙に書いて貼ってあったが、それはすべて、仝とか⊽のような家印で示されていたのである。現代であるから字の読めない人などいるはずもないのだが、家印の方が書くのに手間とらず、パッとみてすぐ判りやすいからであろう。徳山村の人にうかがってみると、昔からそのようにしていたということなので、著者は、江戸時代からずっとこのようにしていたのかもしれないと思っている。

このように、苗字・氏・姓と同じように、かつて地域内では、家々を区別するものとして、屋号や家紋・家印も一般的に用いられていたのであった。

名前と人格

名前の機能

名前、すなわち田中太郎という場合の太郎の方を考えてみたい。名前は個人を指すものとして社会生活上欠かせないもので、人間社会誕生とともにあったはずである。

文字が使用されるようになってからは、先に登場させた蘇我大臣稲目《そがのおおおみいなめ》の稲目のように、氏（蘇我）・姓（大臣）とともに書き記されてきた。ごく普通の農民も、東大寺の正倉院に伝わる奈良時代の戸籍には、孔王部《あなほべ》小山の小山というように名前が記されている（孔王部は氏の名）。その妻は孔王部阿古売《め》で、当時女性には売のつけられることが多かったようである。

蘇我稲目もそうだが、有名な人に蘇我馬子《うまこ》、蘇我入鹿《いるか》がいるように、古代には名前の一部を動植物名からとることが多かった。高橋《たかはしの》虫《むし》麻呂《まろ》などもいる。

名前は現在、主として親によってつけられ、出生後一四日以内に役所に届け出、戸籍簿に記載されることによって一生その人を特定するものとなる。いわゆる人名漢字という規制はあるものの、表記のみ人名漢字にしたがっていれば、命名は基本的に命名者（多くは親）の自由裁量にまかされている。その一方で、名前の選択はその名を名のる者の権利だとし、いったん親が代行して名づけたとしても、成長後には自らで判断すべきだとする主張もある。そういう議論はそれとして、現在のさまざまな名前は、親による子供への何らかの期待感の表現だといってよいだろう。自由裁量であるからして、理屈の上では名前は相当奇抜でも許されるし、個人を特定する記号として人数分だけ存在してもよいわけである。しかしこれは、あくまで現在の日本の場合である。

人類学の知見によれば、名前についての考えは民族によって相当に異なっている。北米やオーストラリアの先住民社会、アフリカなどには、親族集団ごとに代々ストックされている一定数の名前がすでに存在し、限られたそのなかからしか名前を選ぶことのできない社会が少なくない。原則として新しい名前は創出されず、ストックのなかから反復使用されつづけるというわけである。ストックには限りがあるだろうから、同じ社会で同名の者は珍しくない。過去にも多く存在し、当然その後も多数出現することになる。

こういう社会でも、名前に個人を特定する機能は当然あるが、実際には個人を特定する機能よりも、聞いただけでどの親族集団に属する者であるかがわかるという、集団帰属確認の機能の方が優先されているのだ、というのである。上野和男はこのような命名慣行を名前の閉鎖的体系と呼び、現在の日本のようなあり方を開放的体系と呼んでいる（『名前と社会』）。

閉鎖的体系の社会では、過去に同じ名前を名乗った人びとの特性が、多くの人に記憶されている。しばしば、その名がストックされるにいたった最初の保持者についての神話が語られていることもある。こういう場合、新たに命名された人は、過去の同名者の事績を重ねて認識されることになる。さらにいえば、同じ名前を名のった祖先の霊魂が、名前を継いだ者の肉体に復活再生したのだと考えられてさえいるのである。こうなると名前を負った人の、個としての人格発揮のチャンスは稀薄になり、周囲の者からは、過去の同名者のように生きることが期待されがちになるのである。個の性格よりも、名前じたいが人格の表徴だと考えられているのである。

わが国においても、名前の閉鎖的体系がみられないわけではなかった。狭い地域社会の通称としてではあるが、沖縄県の伝統的なワラビナー（童名）がそれである。ワラビナーの種類には神名や干支名、それに先祖名、病弱児だった者の名などがある。地域ごとにストックされてきたそれらの名前から、生まれたときの状況や生児の家の条件によって最適のものが選択されてきた。このなかに病弱者名が入っているのは、生まれ変わったその名の人は、今度は元気に生きてほしいということであろうか。

ワラビナーの慣行には、詳細は集落によって異なるといわれるほど地域的特徴がみられるが、傾向としては先祖名を継承することが多かったようである。たとえば長男には父方祖父の名前、長女には父方祖母の名前というようにである。長男長女以外は、伯叔父母や母方などの名へと拡大されていく。もし長男のワラビナーが、祖父から孫（長男）へというように厳格に隔世代的に継承されていった場合、その家の長男がつけるべき名前には、祖父と父が持っている二つしか必要ないことになるのである（上野「沖縄の名前と社会―閉鎖的名前体系の一事例として―」）。

近代になって大和風の個人名が小学校入学時につけられ、それが一般的に用いられるようになってワラビナーは徐々に衰えたとされているが、近代以前にはおいては、士族以外の人はこのワラビナーをほとんど一生の名前として用いつづけることが多かったのだという。

江戸時代の農村において、「宗門人別帳」などの筆頭に記されていた源右衛門とか惣左衛門などという戸主の名前も、これらと似たようなものだといえなくもない。戸主を継ぐださい、代々その家に継承されてきた名前を襲名するのであるから、開かれた体系だとはいえない。当然、先代先々代を知る年輩者からは何かにつけて彼らと比較されたであろうし、当人も同じ名前を称している者として、先代や先々代の生き方を意識せざるをえなかったことと思われる。

祖名継承と通字・系字

沖縄県のワラビナーのように、生児の名前を先祖の個人名からとる慣行は、祖名継承法と呼ばれている。

上野和男によれば、祖名の継承には父系単系型と双系型がみられるという。前者は家の相続者とみなされる長男が父親や先祖の名前を継承する型で、その下位類型として襲名型・一字継承型・名乗頭《なのりがしら》型がみられる。

襲名型とは、家を継承したさいに、源右衛門・惣左衛門というような、代々の戸主の名前に改名することである。現在では戸籍法上許されてはいないが、地域の通称としては生きていたり、商家でも行なわれている。一字継承型とは、善・徳・直など、家ごとに継承されてきた先祖代々の漢字一字を継ぐもので、地域社会においては、この一字をみれば本人の所属する家がわかるというしくみである。名乗頭型はかつて沖縄の士族間に行なわれていたもので、長男のみならず男子全員が父の名前の上の一字を継ぐ慣行である。

後者の双系型とは、男女すべての子供が父母双方の祖父母から名前を継承する型で、子供の多い場合には祖父母の名では足りないので、伯叔父・伯叔母から継ぐことにもなる。

遡って、武家の系図をながめていると、しばしば同じ漢字一字が世代をこえて継承されていることに気づく。たとえば室町時代の足利将軍は、第一代の尊氏は別として、第二代から第十五代まで、義詮《よしあきら》（二代）・義満・義持・義量《よしかず》・義教《よしのり》・義勝・義政・義尚・義稙《よしたね》・義澄・義晴・義輝・義栄《よしひで》・義昭（十五代）というふうに、すべて義を継承し頭字にしていた。一字継承型であり、かつ名乗頭型だった。すべてが父子関係にあるわけではなかったが、義満（三代）の男子が義持（四代）・義嗣・義教（六代）・義昭であったように、男子のほとんどすべてに義がつけられていたために、誰が将軍になっても義の字が継承されていったのである。清和源氏の後裔であることを誇りとした足利氏が、遠祖の八幡太郎義家を意識して、武門の棟梁であることを強調したかったのであろう。

鎌倉幕府の執権北条氏は、第一代の時政から義時・泰時・経時・時頼・長時・政村・時宗・貞時・師時・宗宣・煕時・基時・高時・貞顕・守時（十六代）まで、三人の例外はあるものの、執権職には時の字の者（ただし頭字になっているとは限らない）が就任している。江戸時代の徳川将軍も十五代のうち一一人までが、初代の家康と同じく家を頭字にしている。奥州藤原氏の清衡《きよひら》・基衡・秀衡・泰衡など、同じ傾向の武家は多い。

このように歴代にわたって継承されていく一字は通字《つうじ》と呼ばれているが、すでにみてきたことによって、わが国において早くから、一字継承型の祖名継承法が存在していたことがわかるのである。

平安時代の藤原氏の系図からは、明確な通字は指摘できない。しかし、基経の男子が時平・仲平・兼平・忠平と平を持っているように、また、兼家の男子が道隆・道綱・道兼・道長と道を持っているというように、兄弟が名前に共通の一字を持つ例が目につく。このような一字は系字と呼ばれている。

系字は天皇家の影響を受けたもののようで、天皇家ではこれより早く、平安時代前期の嵯峨《さが》天皇の親王が正良《まさら》（仁明《にんみよう》天皇）・秀良・業良・基良・忠良というように、良の字が共通している。このなかの仁明天皇の親王は、道康（文徳天皇）・宗康・時康（光孝天皇）・

人康・本康・国康・常康・成康というように康の字が共通し、さらに文徳天皇の親王たちは、惟喬・惟条・惟彦・惟仁《これひと》（清和天皇）・惟恒というように惟の字が共通している。親子三代にわたって系字が採用されているのであり、系字という形も珍しくなかったのである。

通字が代々一字を共有することによって、世代を超えたつながりを継承しようとしたのに対して、系字は同世代男子同士のつながりを強固にしようとしたものである。このような慣行が大陸文化の影響を受けた天皇家、さらには貴族・上流武家以外の、文字に縁の薄かった人びとのあいだにもあったのかどうか明らかではない。しかし、沖縄県をはじめとする各地の祖名継承法の存在によって、文字は使用していなくても、名前の一部を継承したり共有することによって、骨肉の絆をより確実にしようとする心意が、広く伝承されていたことがわかるのである。

このように、祖名の継承の背後には、名前や名前に用いられた字（語）の持つ力への確信があったのである。能や歌舞伎など伝統芸能における芸名の襲名にも、同じことがいえるであろう。

先祖や自分の名前の一部を生児の名につけることは、慣行としてでなければ、自然の感情として現在でもしばしばなされている。昔も今も、命名者の心意には共通するものがあるといえよう。

実名の敬避

祖名継承や通字・系字が名前の持つ力、あえていえば言葉の霊的な力の継承共有を意図したように、名前は人の所属を表示したり識別する記号という機能にとどまらず、その人の全体を表わすものだとも考えられていた。名前にその人の全体像がこめられているとも、名前が全体像に影響を与えるとも考えられていたのである。よく引用される『万葉集』巻頭の雄略天皇歌に「この岡《おか》に　菜摘《なつ》ます児《こ》　家告《いえの》らな　名告《の》らさね」（この岡で若菜を摘んでおられる乙女よ、家をお告げなさいな、名を名乗りなさいな）（「新日本古典文学大系」1）とあるのが、現代風の、どこの方だかちょっと名前を知りたいというような他愛ないものではなく、名前の告知が愛の受容を前提にして名を聞いている歌だとされている。国文学者によると、天皇の自作歌ではなく伝承歌だそうであるが、それはともかく、名前を明らかにすることがいかなる重い意味なのかを示す歌になっている。

男性においてもみだりに他人の実名を呼ぶのは無礼だったが、女性の場合はとくに秘していたのである。名無しは生活上はなはだ不便であるから実名を持っていたことは確実だが、貴族の系図に女《むすめ》とだけ記されていて、名前は明かされていない。紫式部でさえ研究者が懸命になってもいまだに実名についての定説はないのである。藤原氏の出なので生前は藤式部と呼ばれ、死後は『源氏物語』の理想的な女主人公である紫上にかかわらせて、紫式部とされたことがわかるだけである。清原氏の出の清少納言しかりであるし、『蜻蛉日記《かげろうにっき》』の作者は藤原道綱の母としか伝えられていないのである。

一挙に下ることになるが、現代においても、上役や年長者の実名は敬避すべきだとされ、年長者に太郎さんとか勇さんと呼びかけるのは、よほどの間柄でないかぎり失礼だとされているのである。逆にへりくだる必要のある手紙には、自らは実名（名前）だけを記すことがある。

このように実名を避けようとする慣行は、言葉の持つ力を前提にした考えによるものだといえよう。

戒名など

実名を避けるというわけではないが、芸名、雅号、ペンネームなどという名を持ったりもする。芸術活動にたずさわる人に多い。日常生活とはかけ離れた特異な世界に没入する場合には、こういう名が必要だと考えるからであろうか。これらは自ら用いる名前である。

他からつけられる実名以外の名には、綽名（ニックネーム）がある。

他からつけられる実名以外には、戒名（浄土真宗では法名《ほうみょう》）というものもある。仏教に帰依する者が、仏弟子として認められたことを証して僧侶から授けられるものであるが、現実には、死にさいして、その人の年齢・性別や生前の世の中への貢献などを斟酌し、経文中のよい語よい文字からとって僧侶がつけてくれる。戒名は、多くの日本人にとっての、いわば死後の名前である。

しかし、民俗調査に歩いていると、浄土真宗地帯の古風な習俗を残すところでは、生後まもなくオカミソリをいただくといって剃刀で頭髪を少し剃るしぐさをし、法名をつけてもらうところがある。そして嫁入り・婿入りした場合のその人の葬儀には、嫁入り・婿入り先の家にかかわる寺僧とは別に、生児のさいに法名（戒名）を授けた寺の僧が同時に参与することがあるのである。この場合には、死後の名前とはいえない。浄土真宗の信者で、生前に法名を持つ例は珍しくないのである。

著者の家は北陸の浄土真宗の門徒だが、父母は還暦を機に西本願寺に詣でて法名をいただき、その証書を仏壇に納めておいた。葬儀にあたっては著者自身がその名を白木の位牌に墨書して仏前に据えたのである。父母は老後を、仏弟子としてのその名を意識して送っていたのかどうかは知らないが、何らかの安心《あんじん》は持ちつづけていたことと思う。

しかし、法名を意識していたはずの人がいる。国文学者・民俗学者の折口信夫《おりくちしのぶ》である。折口は文学活動（主として短歌・詩の創作）のさいには釈 迢空《しゃくちょうくう》というペンネームを用いていたが、この釈は浄土真宗が法名の一部として用いる字である。折口が釈迢空というペンネームを用いるようになるのは、二十歳代なかばからであるが、どういう契機でこの名を用いるようになったのかについては、近年、議論のあるところである。議論はともあれ、これはまさしく法名であり、折口にその認識がなかったとは考えられない。折口の墓は養子の春洋《はるみ》に添うように春洋の生家のある能登（石川県）の地に設けられているが、同時に、折口家の菩提寺である大阪の願泉寺（浄土真宗）の墓にも分骨されている。その折口の実家での葬儀の位牌には、まさしくこの釈迢空が記されていたのであった。

近代の名前

名前の固定

すでに述べたように、明治三年（一八七〇）にすべての家に苗字の公称が許されることになったのに伴い、同五年には戸籍法が施行され、名前の制度も整えられることになった。すなわち、「通称と実名（名乗り）の両様を用いてきた輩は今より一つの名だけにせよ」（太政官布告第一四九）ということと、「華族より平民まで苗字名並に屋号とも改称を禁じる、もし同苗同名で差支のある者は願出でよ」（太政官布告第二三五）とが出されたことである。前者は要するに「複名禁止令――選択的一人一名主義」、後者は「改名禁止令」である。

その後曲折はあるが、井戸田博史の言葉を借りると、この二つの布告と同八年の苗字の義務化によって、「生まれた時に付けられた戸籍名を本名とし、これを唯一の正式名として改めないことを当然とする今日の姿が出現した」（上野・森編『名前と社会』）のである。それ以前は、成人時や家督相続時など人生の折り目ごとに改名することや、実名・通称名の併用など、同一人が生涯に複数の名前を持つことは、慣行として自由に認められていたのである。

なお現在、名前の変更については「正当な事由によって名を変更しようとする者は、家庭裁判所の許可を得て、その旨を届け出なければならない」と戸籍法に定められている（第一〇七条の二）。許可される場合でも、「①営業上の襲名、②同姓同名による社会生活上の支障、③神官僧侶に関するもの、④珍奇難読難解等、⑤帰化の場合」に該当する場合というように、きわめて限定されたものとなっているのである。

このように現代の改名はハードルが高くて容易ではない。しかし先にも少し触れたが、命名にさいして、漢字表記のみ戸籍法施行規則に掲げられているいわゆる人名漢字表にしたがっているかぎりにおいて、どのような名をつけようと（すなわちその人名漢字をどのように読もうと）、ほとんど自由である。ただ、以前の改名には当人の意思が反映されていたのに対して、命名には当人（生児）の意思が入り込む余地がなく、その点、成人後に問題を感じる人がいるかもしれない。

なお、命名者の自由だとは述べたが、平成五年（一九九三）に東京都昭島市は生児への悪魔という名前を受理せず、命名者である父親とのあいだで裁判になったことがある。悪魔ちゃん事件などとしてマスコミも大きく取りあげ、論議も呼んだのでご記憶の方も多いであろう。結局は、父親の命名権の乱用という裁判所の判断で決着したのではあったが、現在でもまったく自由というわけではないのである。

現代の生児の名前

先祖や両親の名の一部をとるにしろ、誰か有名人の名にあやかるあるいは姓名判断や占いに頼るにしろ、とにかく名前には、両親をはじめ生児を取りまく人びとの思いが反映されている。さまざまな名づけの民俗については次節で述べるが、近現代の名前からその思いをみてみよう。

明治安田生命では、保険への加入者名を資料として、毎年、生年ごとの名前のベストテンを発表している。それによると、平成二十四年生れの男児の名前の漢字表記は、上位から蓮、颯太、大翔、大和、翔太、湊、悠人、大輝（翔太から大輝までは同じ五位）、蒼空、龍生（蒼空と龍生は同じく九位）であり、女児は、結衣、陽菜、結菜、結愛、ひなた、心春（結愛・ひなた・心春は同じ四位）、心愛、凛、美桜、芽依、優菜、美結、心咲（美桜以下は同じ九位）の順であった。しかし表記は同じでも、これらの読み方はまちまちなのである。なお、女児の名で子のつくのは、一〇〇位以内に莉子・茉子・桜子の三種しかない。

　表記とは別に発音した場合の名前では、男児はハルト（陽斗・遥斗・陽翔などの表記がある）、ユウト（悠人・悠斗・勇斗など）、ソウタ（颯太・颯汰・蒼汰など）が一〜三位であり、女児はユイ（結衣・優衣・結など）、リオ（莉緒・莉央・莉桜など）、ユナ（結菜・優菜・優奈など）が一〜三位であった。カッコ内に示してあるように、同じ呼び方の名前ではあってもいろいろな字があてられている。男女それぞれ一位のハルトには四〇以上、ユイには二〇近くの表記があるのである。

　いずれにしても、傾向として男児には大らかさや伸びやかさが、女児には優しさや美しさがイメージできる名前が好ましいと思われていることがわかる。

　ただ、良治をヨシハル・リョウジと読ませ、幸子をサチコともユキコとも読ませるように、同じ表記に読みが幾とおりかあってもよいのではあるが、大翔にヒロヒト・タイガ・ハルト・ヤマト・タイゾウ・ツバサ、結愛にもユア・ユウア・ユイナ・ユメ・ユイ・ユナ・ユラというように、漢字本来の読みを離れ、雰囲気を重んじるさまざまな呼び方をさせていることを考えると、表記がいくら人名漢字の範囲内であろうと、とまどわざるをえない。字面もよく音もよいようにと知恵をしぼった命名者の愛情はよくわかるとしても、である。現代の生児の命名事情には考えさせられる点が多いように著者には思われるが、いかがであろうか。

名前の流行と戦前・戦後

近代になってのわが国の最も大きな転換期といえば、昭和二十年（一九四五）の終戦・敗戦のときであろう。そこで、その前後の男女児の名前を比較してみよう。

終戦の前年である昭和十九年の男児のベストテンは、勝、勇、勝利、進、勲、清、博、弘、武、功である。一年とんで終戦翌年の同二十一年のそれは、稔、和夫、清、弘、博、豊、進、勇、修、明となっていた。

昭和時代前半（昭和三十五年ぐらいまで）の男児の名は漢字一字名の全盛期で、その点では両年ともまったく同じ傾向である。しかし、二年隔っているだけなのに、両年の名前は、勇・進・清・博・弘という五つの名前しか共通していない。昭和期を通じてみてみると、中一年おいただけでこれだけ変わっているのは珍しいのである。昭和二十一年には、昭和十九年のベストテンから勝・勝利・勲・武・功という名前が抜け、新たに稔・和夫・豊・修・明が加わってきた。昭和十九年も二十一年もともに、戦争勝利への思いと、戦争から解放されたという、それぞれの時代の持つ雰囲気が名前に反映していることは、歴然としていよう。

一方の女児名は、昭和十九年が和子、洋子、幸子、節子、勝子、弘子、美智子、光子、悦子、昭子であったのに対して、二十一年には和子、幸子、洋子、美智子、節子、弘子、京子、悦子、恵子、美代子というふうに、七つもの名前が一致しており（しかもベストファイブはほぼ安定している）、戦中戦後での変化は少ないといえよう。それにしても、女児の名にすべて接尾語のようにして子がついているのは、著者としてはなつかしい。

これらのことから、かつて男児の名前は時代の雰囲気に影響されやすく多彩であったこと、女児の名前は男児に比べて時代の雰囲気に左右されにくく、固定されたものになりやすいということが指摘できるのではないであろうか。ただこの指摘は、自由奔放な現代にはあてはまらない。

名づけの民俗

名づけの時期

これから述べる生児への名づけの慣行は、明治・大正期から昭和三十年（一九五五）ごろまで、各地において広く行なわれていたものだと考えていただいてよい。そのなかには、江戸時代から伝承されているものが多いであろうし、さらには中世以前から継承されてきたものもあるであろう。また、現代において行なわれているものも珍しくないのである。このような慣行に関する民俗学の蓄積は厖大であるが、ここでは全国を見渡す必要から、まずは『日本産育習俗資料集成』（恩賜財団母子愛育会編、第一法規、昭和五十年）と『（地域別・県別の）祝事』（明玄書房、昭和五十年前後）を主たる資料とし、各地の民俗誌で補いながらみていきたい。

子供が生まれると、順調な成育を願って比較的早い時期にミツメの祝い（三日目）、お七夜《しちや》（七日目）、初宮参り（三十一、三日目が多い）、食い初《ぞ》め（一〇〇日目が多い）などの呪術的儀礼が、かつてはつぎつぎに執り行なわれていた（初宮参りは現在いよいよ盛んになっている）。多くの地域において命名は、このなかのお七夜に行なわれていたのである。これら諸儀礼は、初節供、初誕生、七五三、さらには成人祝い、厄年、還暦、古稀、米寿の祝いというように、一生つづく人生儀礼のごく早い段階のものである。この世に出たばかりの生命は弱々しくはかないので、つづけてさまざまな呪術的儀礼がなされ、不安定な生命の強化がはかられてきたのであった。

生児が胎便《たいべん》を排泄し終えるまでの一、二日間は、かつてはボロ布などで包んでおいた。そして、三日目ごろに初めて正式に産湯をつかわせて袖のある産着《うぶぎ》に手を通させたり、初乳を飲ませるなどして、ミツメの祝いをする地域が多かったが（昭和二、三十年代に一気に施設分娩が広まったためにミツメの祝いは急速に消えた）、お七夜と並んでこのミツメの祝いのときに名前をつけるところも多かったのである。

高知県の伊野町（現・いの町）や池川町（現・仁淀川町）などには、生まれるとすぐそこに居合わせた者が誰でも、「これはわしの子じゃあ」といって仮の名前をつける地域があったというが、お七夜などの正式命名までのあいだ、名前がないと魔に攫《さら》われかねないと考えられていたためである。同じ理由で、生まれるとすぐ産婆が仮名をつけておくところや、いったん、健康な祖父母の名をつけておく地域もあった。仮の名前ではあっても、名前を持っていることがそれだけ重要だと思われていたのである。名前の力が信じられていたわけで、名無しというのは生存上きわめて不安定だとみなされていたのである。

地震のこないうちに、仮名でもよいから早く名前をつけろといって命名を急いだり、お七夜までに寅の日があると、その日の前までに急いで名前をつけたりするところもあったのである。無名のまま寅の日を越えるのを避けようとしていたのである。寅の日云々は陰《おん》陽道《みょうどう》の影響を受けた暦の知識によるものであろうが、聖獣としての怖い虎をイメージして避けようというねらいもあったのであろう。秋田県には命名の前に雷が鳴ると、鉄治・熊吉のように、名前に金とか獣の名を一字入れなければならないと考えられていた地域もあったのである。

名前をつける人と方法

命名の方法としては、両親をはじめ家の者がつけるというのが一般ではあった。しかし、そうでないケースも少なくなかったのである。

紙に幾とおりかの候補名を記して三方《さんぽう》や一升枡に載せ、それを神棚や床の間の前に据えて、母親などにわざわざ目隠しさせてその候補名の一つをとらせて名前を決めたり、まだ字の読めない二、三歳ぐらいの幼児に、そのうちの一枚を選ばせて決めていた地域があった。候補名を書いた紙を紙縒《こよ》りにして一まとめにし、そこを扇子や数珠などで掻きまわし、扇子や数珠にくっついてきた紙縒りに書かれている名前を生児の名とすることも、意外に広く行なわれていたのである。いずれもそれらは、人による選択の意思の働きようがない命名の仕方だったのである。ここには、名前は人の意思によってつけるのではなく、超人間的存在、すなわち神から授けられるべきものだとの考えをみてとることができるであろう。

沖縄県では、このような方法が、家でもっとも神聖な火の神の前で行なわれるところが多かったのである。

読み書きのできない人がまだ少なくなかった明治時代には、神職や僧侶、地域の有力者や産婆（取上げ婆）に依頼することも珍しくなかった。こういう地域の有力者や産婆がつける場合には、名付親として、生児とのあいだに一生にわたって擬制的親子関係のつづくことがあった。親子関係が認められたと考えると、名付親は、生児のその後の人生儀礼に立ち合って祝いつづけ、日常生活においても後盾となって面倒をみつづけることが多い。

子は子で名付親の家の仕事を手伝ったり、その死にさいしては親族の一人として棺を担いだりして、名付親の恩に報いようとしたのであった。

幼児のままで何人かが死亡した後に生まれてきた子供の場合には、何人も健康に育てあげた子福者の女性に、その運や力にあやかろうとして名前をつけてもらうこともあった。父親四十二歳の厄年の年回りに生まれてきた子は、いったん道の辻や神社の前などに儀礼的に捨てることがあったが、こういうときには、かねて身近な人に頼んでおいて拾ってもらい、拾ってくれた人につけてもらうこともあった（儀礼的捨て子については後述）。これらの場合にも、擬制的親子関係の結ばれることが多かったのである。実の親のほかにいろいろな親がいることは、生命の不安定な幼児期のみならず、成人後の子供が社会生活を営んでいく上でも、何かと心強いことだと思われていたのである。

このほか、顔なじみの塩売り商人や、やってきた巡礼者に名前をつけてもらう例もあった。塩は絶対欠かせない食料であり、はるばるそれを運んでくる商人は異郷人として畏敬されていたので、その霊力、その人が身に持っているであろう幸《さち》にあやかろうとして依頼したのであろう。巡礼の人びとに依頼したのも、同じような理由からである。このような来訪者とのあいだで親子関係がつづくことは少なかったであろうが、これらの人も名付親ではあった。

このほか、現在、新しい世代のあいだで、占者《せんしゃ》や姓名判断に頼って命名する傾向がふえているようなのは、注目すべき現象である。合理的思考を身につけているかに思っても、超人間的・超自然的存在に頼ろうとする心性は、いっこうに消えるものではないようである。

名づけの祝い

名前が決まると、紙に墨書して神棚や床の間に貼るのは、現在でも行なっている家が多いであろう。地域の氏神社にも貼る例がみられる。氏神に報告し、氏神参りに訪れた人びとにまで披露するためであろう。そのあと神棚や床の間の前で、ナビラキ（名開き）などと称して名づけの小宴のもたれることが多い。

初めての子の場合には親戚や近所の人を招き、名づけの祝いはとくに盛大に催される。この席には名付親や産婆（取上げ婆）も当然招かれる。赤飯や餅、尾頭《おかしら》つきの魚などが用意され、皆で口々に生児の可愛さや名前を誉めたり、ちょっと抱いてみたりするのであるが、そうされることによって生児は、周囲の人びとから社会の一員としての承認を受けたとみなされ、そのぶんだけ心身が強化されると考えられていたのである。このとき近所の子供達が珍しがって集まってくると、菓子などを配って生児をみせたりするのであるが、これも承認者の多くなることを喜んでのことである。

小野重朗の報告によると、鹿児島県の加計呂麻《かけろま》島にはかつて旧暦十月二十三日ごろに、親がその一年間に生まれた児を連れてアデツ浜という所へ渡り、神に名前をもらっていたという（実際には帰ってから命名したようであり、それまでは赤ちゃんぐらいに呼んでいた）。そこから戻るときには、石や生命力旺盛なクマド貝、ニラを持ち帰り、名づけの祝いの席に置いておいたという。

このように名づけの祝いは、生児に対する社会的承認の機会であり、心身を強化させようとする儀礼であった。名づけをされることによって生児は、一個の人間としての第一歩を踏み出すのだと考えられていたわけである。

特徴的な名前

ところで肝腎の名前であるが、賢く健やかに成育するように願って名前に賢や健の字を用いたり、やさしく美しい子に育つように願って優子や美智子と名づけるのが、言葉に籠められた力を信じているからであるのはすでに述べたとおりである。命名者や周囲の人びとに、言霊を信じる心が潜んでいるからである。

これから述べるさまざまな特徴ある命名の背景にも、言霊への思いのあることはいうまでもない。

〔男女反対の名〕

男児が欲しいときに女児が生まれたときや、その逆の場合には、女児に男の名、男児に女の名をつけることは、全国的に広くなされていた。そうしておくと、次には思いどおりに男児か女児が生まれると信じられていたからである。名前のみならず、幼いうちは髪型や衣類までも男女逆にしておくと思いどおりの子が授かるという俗信も、各地にあった。あらかじめ、あらまほしき状態を演出することによって、後日そのような状態が現出するであろうと信じる類感呪術だと考えてよい。ただ、男女反対名を戸籍上の実名として一生用いつづけていたのか、地域社会内での成人までの通称であったのかは、資料だけでは判然としない。

山口県豊浦郡の豊東村や小月村（ともに現・下関市）では、かつて女児にはお竹・お花のように、必ず「お」をつける慣行があったので、男児が欲しいときに女児が生まれた場合には、次に男児を欲して男名にしたとしても、女児なのだから「お」をつけるという意味で、かつては男鹿・翁輔のような名にしたといわれている。

また、小さく弱々しく生まれ生存が危ぶまれるような場合にも、男女逆の名をつけることがあった。

〔双子の名〕

双生児には一般に、松・竹とか金・銀、鶴・亀のような二人で一対になる名前をつけた。二十年ほど前に、ともに一〇〇歳を迎えたとして人気者になった金さん・銀さんはこの例である。また、両人の名前の頭文字を同じにする工夫もなされていた。いずれも、双生児を二人で一人ないしは一対とする考えによるものである。現在でもしばしば、お揃いの衣裳を着せられた可愛い双子に出会うことがあるが、名前だけでなく、衣裳においても一対ということであろう。

〔止め名〕

何人もの子が生まれ、もうこの子が最後の子になって欲しいというときに、留・末・乙などの字を名前に入れることも、広く行なわれてきた。留蔵、留吉、留子、トメ子、末吉、末子、スエ、乙松などと命名されていたである。オサメとつけることもあったようである。かつて子は神からの授かりものとも考えられていたのであるから、このように命名することによって言葉に籠る霊力に訴えようとしたのである。そう願って留五郎と名づけてはみたが、願いかなわずまた授かったので、今度は又四郎にしたという、笑えない例も報告されている。なかなか思いどおりにはいかないもので、留吉や末子に何人かの弟妹のいる例も少なくなかったのである。

女児がつづき今度は男児がほしいというときに、その女児にアグリとかワクリと名づけると、願いがかなうとも考えられていた。平成九年放映のNHK朝の連続テレビ小説「あぐり」は、作家の吉行淳之介の母を主人公にしたドラマであったが、主人公のあぐりという名前は、このような願いによってつけられたものとされている。

〔袈裟という名前〕

誕生時に、臍《へそ》の緒を首に巻くようにして生まれてくることがある。生児にとって危険だ。その様子が僧侶が袈裟《けさ》を掛けた姿に似ているというので、そのような生児には、名前に袈裟の字を入れると丈夫に育つという考えがあった。長野・群馬両県に比較的多い例だが、全国のあちこちで行なわれ、袈裟義、袈裟治、袈裟夫、オケサなどと名づけられたのである。袈裟を同音の今朝に置き換えて、今朝吉、今朝子などとすることもあった。こういう場合には、わざわざ僧侶に名づけてもらうことが多かったようである。大分県にはこうした子をケサゴと呼び、将来偉い人になるといっていた地域がある。

宮城県では胞衣吉《えなきち》・胞衣蔵・エナヨなどいう名をつける慣行もあったそうであるが、胞衣をつけてでてきた子に対しても、同様な思いでこのような名前をつけたのであろう。

〔「捨」字の名〕

四十二の二つ子といって、男親が四十二歳のときに二歳になるような年回りで生まれた子供は、丈夫に育たないとか、親に害をなすようになるとかよくいわれてきた。そういう子供は、かつては全国あちこちで道の辻とか橋の袂《たもと》、神社、路傍の石仏石神の前などに捨てていたのである。捨てるとはいっても、あらかじめ拾ってくれる人を頼んでおいて、箕《み》などに入れて儀礼的に捨てていたのである。見るからに弱々しく生まれて成長が危ぶまれたり、先の子が何人か早死にしたあとに生まれた子供の場合にも、同様にして捨てることがあった。実の親が持ちあわせている一種の宿命のようなものを感じ、それを生児から解放しておこうという思いからであろう。

捨てるのを見届けると、頼まれている人はすぐに拾って実の親のもとへ届けるのであるが、そのさい、元気な子を拾ったのでいりませんかとか、お宅では先の子をなくして淋しいだろうから子供を拾ったので持ってきたよ、などといって受け渡しのなされることがあった。儀礼的ではあるが、このようにしていったん捨てられた子供の名前には、捨雄とか捨子など、捨という字をつけることが多かったのである。

拾う役に頼まれるのは、本家とか裕福な親戚の人、もしくは今までに多くの元気な子供を育ててきたような人である。捨てられることによって実の親との縁がいったん切られ、生児と拾った人のあいだに新たな親子関係が成立すると考えられていたのである。生児が拾い親の持つ新たな豊かな力を得て、ずっと元気に成長してほしいと願う呪術的儀礼なのである。拾った人は、拾うことによって拾い親として擬制的親子関係を結んだことになり、一生その子供とのつきあいを維持することが多かったのである。

〔悪名・獣名〕

源平時代の武将だった悪源太義平《よしひら》の悪は、善悪の悪ではなく恐ろしいほど強いの意だとされる。鬼丸・糞丸など、かつては現代の常識からは外れた強烈な名前をつけることがあった。名前の持つ強烈さによって悪霊を避けようとする、一種の呪術と考えてよいであろう。かつて成人時に改名のなされていたときには、幼名にそのような名前が比較的多かったのは、生まれたばかりで心身ともに不安定な幼児を慮《おもんぱか》ってのことであろう。

名前の一部に熊とか虎という強い獣の字を入れるのも、同じ心意によるものであろう。庚申《こうしん》の日は何かと警戒されることの多い日であったが、高知県ではこの日に生まれた子には、四つ足の動物名をつけることが多かったらしい。そのためかつては、馬太郎、丑吉、久万猪、虎之助、熊蔵、良馬、亀吉、御亀、丑尾、御寅、御熊、御馬というような名前が、珍しくなかったようである。

〔申し子の名〕

神社などに妊娠を祈願するのは、現在でも普通である。かつて願いがかなって生まれた場合には、その神から授かった子すなわち神の申し子として、祈願した神社にゆかりの名前をつけることがあった。福岡県では新宮村（現・新宮町）の磯崎神社に祈って生まれた場合には、名前に必ず磯という字を入れたという。高知県は暖国であるためか楠が神樹とされている例が多く、そういう老木は瘤が乳房に似ており、子授け祈願の対象にされることが多かった。そうして生まれた子には、楠太郎・楠吉・久寿喜などと命名されたのである。

同様に和歌山県粉河《こかわ》町の楠樹神社に懐妊を祈って授かったときには、亀楠などというように、名前に楠の字をつけていた。生物学者・民俗学者として有名な南方熊楠《みなかたくまぐす》の名も、同県海南市の藤白神社ゆかりの楠からとったもので、弟二人も常楠・楠次郎と名づけられている。なお、藤白神社は熊野詣にゆかりの神社で、熊楠の熊の方は熊野権現にかかわる名らしい。

奈良県では、子供が何人か亡くなったあとに生まれた子や、見るからに身体の弱々しそうな生児は、天理市楢にある楢《なら》神社（祭神・鬼子母神）に奉納するのだと考えて、先に述べたように儀礼的に神社境内に捨てることがあった。そしてその子には、楢吉、楢蔵、楢江、楢菊などというように、名前に楢の字を入れたとされる。

捨て子の作法は省略して楢の字だけ神からもらうこともあったようである。このような子は成長すると、楢神社の例祭の宵宮《よいみや》に参詣しなければならないのだとされていた。楢神社からは名を授けてもらうだけではなく、懐妊を祈り、生児を授けてもらおうともしていたのである。

このほか、妙見《みようけん》から授かった子には見太郎とつけ、多賀の神からの場合には賀を入れることがあったのである。生駒の宝月寺に月詣でして授かったときには、幾太郎とつけたともいう（『奈良県史』第十二巻）。

以上、家の名と人の名について考えてきた。

＊

人への命名は名のり的命名の典型的なものだといえるが、近代までは公的な規制や慣行の力が働いていて、命名者の思いどおりというわけにはいかなかったのである。近代になって何とか自由になったのは喜ばしいが、生児への愛情が過ぎてといおうか、現代では個性的すぎて奔放ともいうべき命名がふえているように思われる。

このほか名前については綽名《あだな》、芸名や雅号《がごう》、ペンネーム、相撲の四股名《しこな》などを考えることも必要ではあろうが、本書ではここまでで止めておきたい。

さらには文化史上の大きな問題として、神の名の分析も残されている。

さまざまな命名

風の名

地名や人名以外にも、民俗学ではいろいろな命名に関心を持ってきた。命名はそのモノと人とのかかわり、生活を探る重要な指標だからである。これまで研究の蓄積あるものを中心に、いくつかの命名について考えてみたい。

風とのかかわり

俳句の「歳時記」には、東風《こち》、貝寄風《かいよせ》、南風《はえ》、凩《こがらし》などさまざまな風の名が季語として載っており、われわれ日本人がいかに親しく風とかかわってきたかがわかる。貝寄風・凩など特徴をよくとらえた美しい風名だが、生業《なりわい》の立場から向きあってみると、風はなかなか手ごわいのだ。

爽風《そうふう》・涼風はまことに心地よいが、風はわれわれの思いどおりには吹いてくれない。文学的表現としてはおもむき深い野分《のわけ》も、つまるところ秋の暴風なのである。稲が実をなすころにこれが吹いたのでは、農民はたまったものではない。林檎など果実も落ちるし――。

各地の風祭りは、ほとんどが要するに風鎮め、風抑えのためである。二百十日《にひゃくとおか》（九月一日ごろ）前後に暴風の兆しを感じると、風封じの祈禱札を小祠に納めたあと、子供たちが近くの木に登って「風吹いてくりゃんな（吹いてくれるな）」と連呼する地域や、「風止め御願成就」と記した絵馬を集落単位で祠堂に奉納する地域も、近年まであったのである。越中おわら節で知られる富山県の婦負《ねい》郡八尾《やつお》町（現・富山市）の風の盆は、このような風除《よ》け祈願の観光化した行事である。農民にとって、とにかく風は苦手だった。

長野県の諏訪大社の信仰圏には、屋根や庭先高くに鎌の刃を風に向けて立て、暴風を切ってその勢いを弱めようとする呪術のなされていた地域がある。奈良の法隆寺五重塔の九《く》輪《りん》に何丁かの鎌がさしかけられているのも、同じ心意にもとづくものであろう。

近年、風力発電で風を積極的に利用するようになったが、かつて強風を喜んでいたのは鍛冶《かじ》屋や鋳物師《いもじ》だったとされる。山あいを抜ける風によって火力を高め銅や鉄を溶かしていたような古い時代には、彼らにとって風は恵みだったのである。

風の積極利用という点では、動力化以前の帆いっぱいに順風をはらんで航行していたかつての船乗りも、また漁師も同じであった。しかし、海上で働く者には風は危険要因でもある。風位や強弱にもっとも敏感で多くの風の名を残したのは、かれら海にかかわる人びとだったのである。

現在の様子はだいぶ異なるであろうが、図5（新潟県・粟島）・図6（長崎県・樺島）のように、かつては沿岸部各地には、単に北風・南風などというのではない、じつにいろい

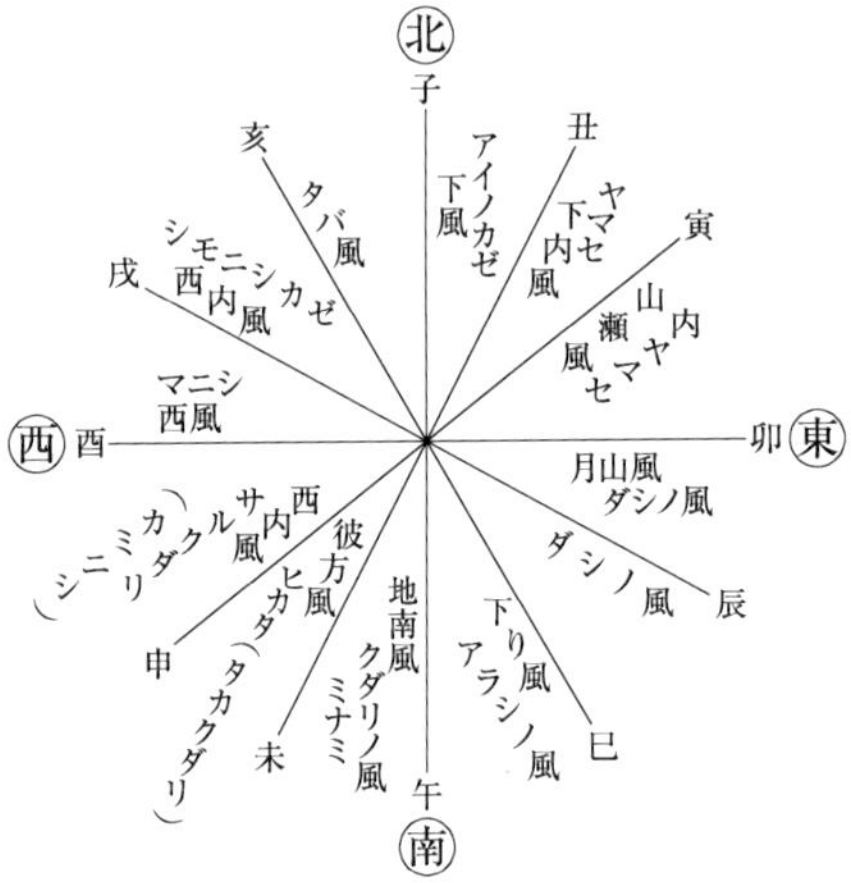

図5　粟島の風名（『離島生活の研究』より）

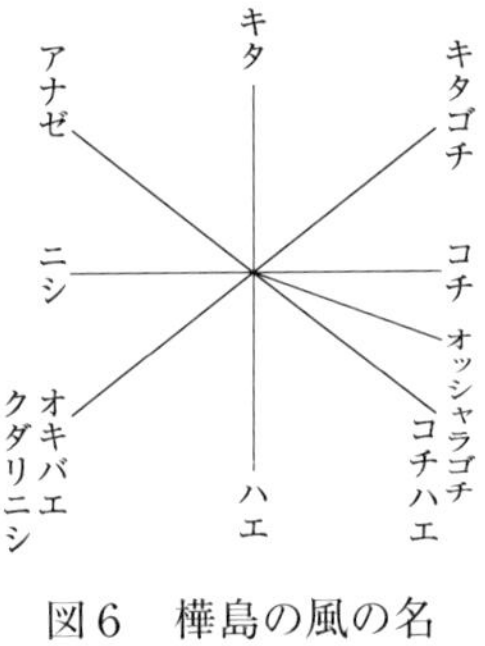

図6　樺島の風の名
（『離島生活の研究』より）

ろな風の名が伝承されていた。関口武『風の事典』によると、全国で二一四五確認されているという。方角・強弱・季節・時間の長短などの特性によって、地域ごとにさまざまな名で呼ばれていたのである。

そのなかで全国共通という風名はないが、比較的広い地域で用いられていた風名を調べてみると、命名には風の特性のほか、風に対する人びとの好悪（好風・悪風）の感情が相当に反映しているように思われる。しかし風というと現在でもそうであるが、まず風位が問題になることから、ここでは吹いてくる方角すなわち風位を基準にし、風位のほぼ共通する風名と、同じ名前であっても、地域によって風位の異なる風名とに類別してみていきたい。

先の『風の事典』を参考にし、これに先だつ柳田国男編『増補・風位考資料』や各地の民俗誌も参照しつつ、風の名について考えていきたい。

風位の共通する風名

コチ、ハエ、マジ、ヤマジ、アナジ、イナサ、アイノカゼ、タマカゼは、各地とも風位がほぼ共通している。共通しているとはいえ、中山正典が『風と環境の民俗』で伊豆半島部の風を詳細に検討したことからわかるように、同一地域の同じ風名であっても、微妙な地形の相違によって、細かな場所ごとに風位の異なる場合のあることは念頭に置いておいてほしい。

コチは道真《みちざね》の古歌をひくまでもなく東風をいい、関東・中部地方以西地域における風名である。図5の新潟県の粟島にコチの名がないように、東北地方の日本海側にこの風名は伝承されていない（太平洋側には少しある）。さりとてコチに対応する東北地方共通の東風の名があるわけではなく、粟島で東方の月山《がっさん》（山形県）から吹いてくるという意味で東風を月山風と呼んでいるように、地域ごとに異なっていたのである。なお、山から吹きおろす風には、海域の風ではないが、赤城オロシ（群馬）・伊吹オロシ（岐阜）・六甲オロシ（兵庫）などもあった。

方言学者の藤原与一は、瀬戸内海地方で鯛の獲れるころの東風をタイゴチ（鯛東風）、中国地方で雲雀《ひばり》のなくころのをヒバリゴチ（雲雀東風）と呼ぶことを紹介し、自由な造語法について述べているが、似たような命名法は各地に多いのである。

また、コチは次に述べるハエと結合し、南東の風をコチハエとして呼ぶ地域も九州には多いのである。

ハエという語は沖縄県では南の意で、西日本とくに沖縄県から九州にかけては、南風をハエ・ハイと呼んでいた。沖縄の漁師が伝えていった風の名であろうが、すでに江戸時代末にはそうとう広く分布していた。春から秋までの、南寄りの、どちらかというと好風と思われていた風であるが、地域によっては、この強風に悩まされることもあったという。長崎県西彼杵《にしそのぎ》郡崎之町南風泊《はえどまり》など、九州・沖縄地方にはハエを持っている地名が多いが、南風泊は船が強い南風（たとえば台風）を避けて避難した場所という意味であろう。

南から吹く風は九州から離れると、太平洋側ではしだいにマジとかマゼと呼ぶ地域が多くなり、瀬戸内海ではハエとマジが両方用いられている。マには本当のとか立派なという意味があるので、一般に好風とされるこの風の名になったのであろう。

ハエの分布域から外れる日本海側の北陸以北には、南風をもっぱらクダリという地域が多くみられるが、かつて北前船がこの風を利用して奥羽地方や松前へと下っていったからであろう。

瀬戸内海の南寄りの風にはヤマジ（ヤマゼともいう）もある。これは強い南風で、台風がこのように呼ばれていたようである。当然ヤマジは恐れられていたのである。

同じ南の風にはイナサもあった。イナサは東北地方の太平洋側から伊勢湾あたりにかけてとくにいわれる風名で、南寄りの風、とくに海のある南か南東から吹く風をこう呼んでいた。瀬戸内海のヤマジと同じく荒々しい南風で、これによってよく難破する船があったようである。なお、イナは海上を意味するウナと関係があり、サは風の意だろうと考えられている。

アナジは戌亥《いぬい》（乾・北西）から吹く風である。そのなかでも、冬の荒く悪い風に多く用いられていた。なぜ悪風にそう名づけたのか確たることはわからないが、奈良県の穴師《あなし》の地に関係あるのではないかとか、驚き音であるアナが風名になったのではないかと考えられている。奈良の穴師は海からほど遠い内陸であるが、古代から鍛冶屋と関係深い地域なので、命名のもとになったのではないかというのである。もしそうだとすれば、強風を欲する鍛冶屋にかかわる風ということであろうか。

このアナジは近畿地方以南に広く分布する代表的な困った北西風で、東北地方の日本海側では用いられていない風名である。

アナジという風名のない地域で、同じく北西から吹く悪い風として恐れられていたのは、タマカゼだった。とくに冬に北西から出し抜けに吹く暴風で、船乗りにはたいへん脅威だったという。タマとはおそらく霊魂の意で、誰かの悪霊が不意に吹かせるものだと想像しての命名なのだろうと、考えられている。北海道でこの風名の使用例が多いのは、日本海伝いに伝播していったからだと考えられている。

日本の民俗信仰において北西すなわち戌亥は、古くから特別な方角と思われてきた。家の先祖神だとされる屋敷神をこの方角に祀っている地域は多いし、榎など特定の樹木をこの方角に植えておくという地域もみられる。鬼門《きもん》（北東）と並んで家相上無視できない方角と考えられていたのである。アナジにしろタマカゼにしろ、北西から吹く風に異様と思われる名前がつけられているのには、古くからこの方角への特別な認識があったからだと思われる。

アイノカゼは日本海沿岸部で呼ばれていた風である。夏のころに北東・北西までをも含むだいたい北の方角の海から吹き寄せる、おおむね好ましいと思われていた風で、船乗りが用いた風名だと考えられている。かつて船乗りは、この風に乗って上方へと荷を運んだのである。関口武によると、先に述べたクダリとともに、かつての日本海海上交通はこの風に負うところが大きかったであろうという。

日本海側では海はほぼ北方向にあり、南関東から伊勢湾にかけては海は南方向にあるといえる。アイノカゼと先に述べたイナサは、北寄りと南寄りというように風位は逆になるが、海すなわち沖から吹き寄せる風という点では似かよっている。船乗りにも好まれたのであろうが、沿岸住民にとって沖から吹き寄せる風は、寄り物（漂流物）をもたらしてくれるので有難い。近年の寄り物はペットボトルなど好ましくないものが多いが、かつては流れ寄る木材・木片など薪になるものが多いので、好まれていたのかと思われる。漂着物には難破船の荷物もあったかと思われるが、難破は船乗りにとってはもっとも不幸なことだが、沿岸漁村部の人びとにとっては、非情なことながら、流れ寄る物が多くなるので恵みだとする考えがあったのである。

風位の異なる風名

同じ名前ではあっても地域によって風位の異なる風には、ヤマセ、ナライ・ナレイ、ダシなどがある。

ヤマセは単に山の風、山から直角に近い角度で吹きおろす風の意であろう。それだけに、それぞれの港や海岸の地形によって風の向きは異なっている。「歳時記」ではヤマセを夏の季語とし、東北地方に吹く陰湿な北東の風で、冷夏の原因となり飢饉をもたらす困った風だと解説する（図5では確かに北東の風となっている）。関口がいうように、初夏に北太平洋に出張ったオホーツク海高気圧から吹き出す寒冷な東風の影響による風で、確かに東北地方の農民は冷害をおそれ、漁民は気温の降下によって漁獲が止まるのを嫌悪したのである。

しかし、ヤマセという風名を持つ全国の風は、「歳時記」が記すような受けとり方だけではない。航海者には順風としてむしろ好まれたようである。風位について山陰地方には南風だとする地域がみられ、全国的にみるとヤマセは北寄りの風とはかぎらない。山から吹きおろす風として名前は同じでも、吹く季節も風位も好悪も地域によって必ずしも一定していなかったのである。

ナライ・ナレイは、南関東を中心にした東日本の太平洋側の地域でいわれていた風で、ヤマセが山からほぼ直角に吹きおろす風であるのに対し、これは山並みに平行して吹きとおる風をそう呼んでいたようである。それだけに地形によって、北風や北西風であったり東風であるなど、風位には地域差が大きい。性格も寒い強風として嫌がられていたり、それほど強くはなくむしろ順風だと考えている地域があったりして、一定していないのである。

ダシという風名は日本海側の広い範域にわたっている。ダシという意味は山から吹き出すとか吹きおろす風、さらには港から船を押し出す風という意でであろうか。山から吹いてくるという点では先のヤマセと似ているが、ヤマセが山を吹き越えてくる風であるのに対して、山から吹き出してくるような風がダシと命名されていたのである。

ダシは、海上では一般に陸地から沖合いへ向かって吹く風だった。その点は先に述べた沖から吹き寄せるイナサやアイノカゼとは逆になるが、温かい風で、イナサやアイノカゼと同じくおおむね好まれる風であったようである。海にかかわる人びとのみならず、農民にも関心を持たれていた風だった。名前は同じダシであっても、微妙な地形により、風位は地域によって異なっていたのである。風位はどうであれ、各地には、吹き出すと思われる山名などをとって何々ダシと呼ばれる風が多かった。この点では、先に述べた赤城オロシなどと似たような命名である。

このほか、『増補・風位考資料』に載せる「風位考資料」(国学院大学方言研究会編)や海に面した地域の民俗誌にあたってみると、ほかにも風には、地域によってじつにいろいろな名前のつけられていたことがわかる。

収穫時の暴風(台風)を別にすれば、農民にとって風はそれほど関心事ではなかった。おおむねそよそよと吹いていていてくれれば、南風でも東風でもよいはずである。しかし漁民や船乗りは、そうはいかない。風の微妙な動きに注意をはらいつつ、伝承されている風にかかわる知識を理解していないと、海を相手に生業を営むことはできなかったのである。彼らの風への関心の深さが日本における風への命名の多様さを生み、それぞれ各地に特色ある風名が伝承されてきたわけである。

これらとは一風異なるが、現在の都市部には、ビルカゼという、風位も季節にも関係のない厄介な突風の吹くことがよくあるのである。新しい風で誰が命名したのか知らないが、的確な風名として定着しつつある。

魚の名

『日本魚名集覧』

日本列島近くには、寒暖の二大潮流が南下北上している。房総半島沖合いにて合流しているので、棲息回流する魚の種類はひじょうに多い。よく利用されてもいる。ちょっと魚屋の店頭をのぞいただけでも、四季を通じて十指にあまる魚が並べられており、わが国の魚食文化は豊かである。淡水魚利用も盛んだ。

ところでわれわれは、魚の名前をいくつぐらい言えるだろうか。「図鑑」には何千という魚が掲載されているが、それは学術名が主であって、わが国で知られている魚名の数はそのようなものではない。生活に密着した方言名まで挙げていけば、数万になるのではないかというほど多いのである。数えきることなど不可能であろうと思われるが、それにチャレンジした人がいる。『日本魚名集覧』を著わした渋沢敬三が、その人である。

渋沢敬三は財界人であるとともに、第二次大戦中に日本銀行総裁に就任し、戦後すぐに大蔵大臣までつとめた人である。と同時に、若いころから民俗文化に関心を寄せていた研究者でもあった。とくに各地の民具研究や漁業・水産関係の民俗と歴史研究に熱心で、多くの優れた成果を世に問うた。『日本魚名集覧』は、その輝かしい一つである。

同書には、昭和十年代までに日本で知られていた魚名一万二〇〇〇ほどが蒐集分類されている。のみならず、いくつかの問題意識にそってそれが分析されてもいるのである。現在、生物学からする魚類研究は大きく進歩しているのであろうが、文化史としての魚名研究では、管見のかぎりこれを凌駕する成果はあらわれていない。そこでここでは、『日本魚名集覧』と、のちにその考察の部分を補訂した『日本魚名の研究』を主資料としながら、共通魚名・限定魚名、タイの名、オコゼの名、成長段階名の四点に絞って、魚の名を考えていきたい（魚名はカタカナ表記にする）。

共通魚名・限定魚名

魚名には全国ほぼ共通で方言名のほとんど存在しないものと、限られた地域にしか通用しないものとがある。渋沢はこれを優勢魚名と劣勢魚名と呼んで区別したが、ここでは前者を共通魚名、後者を限定魚名と呼ぶことにする。前者の魚にはコイ・フナ・ウナギ・スズキ・タイ・シビ・カツオ・アユなどがあり、後者にはメダカ・トビウオなどがある。渋沢は、一次魚名・二次魚名という分類も行ない、タイとかサバを一次魚名とし、一次魚名から派生したアマダイとかカワサバのような魚名は二次魚名であるとしている。

さて、コイやカツオは、多少の訛語《かご》を除けば早くから全国どこでもコイやカツオであって、地域の異なる人同士でも話は通じるが、メダカには共通魚名がなく、ウキス・メンジャコ・メンパなど、かつては各地に二〇〇〇以上もの限定魚名が乱立していたそうである。江戸時代までは、メダカについて話をしていても出身地が異なれば混乱をおこしかねなかったのである。二〇〇〇以上ものなかからメダカが共通魚名の地位を不動にしていったのには、東京やその周辺で支配的な方言だったため、近代になって教科書や唱歌にメダカという魚名がさかんに登場するようになったからであろうという。こうした場合、メダカが優勢魚名になって共通魚名に成長し、他の魚名は限定魚名（劣勢魚名）にとどまったまま、限られた地域において強固に伝承されつづけるか、あるいは消えていく運命になるというわけである。

トビウオは、北陸から九州ではアゴと呼ばれ、関東ではトビノウオ、関西ではトビウオと呼ばれていた。かつて大分県から山口県にかけてはツバクロウオ、新潟県ではタチウオと呼んでいた（この地域では飛ぶことをタツという。太刀魚との混同ではない）。トビノウオ・トビウオ・ツバクロウオ・タチウオはともに水面上を飛ぶ特徴をとらえた命名ではあるが、そのなかで意味がよりわかりやすかったためか、あるいは暖海性の魚に対する西日本とくに関西の文化力が強かったからであろうか、トビウオが共通魚名として定着した。ただ、アゴという魚名は、中世末の『日葡《にっぽ》辞書』にも掲載されている魚名だからそれなりに古いし、現在でも共通魚名に近い根強い力を持っているように思われる。

共通魚名と限定魚名という違いがなぜ生じたのかについては、個々の魚にあたってみなければわからないが、一般的にいえば共通魚名は早くに文献に登場し、中央社会において何かと注目された魚の名である。コイには滝昇りの故事があり、中国大陸で重用される魚でもあったからか、早くから説話に取上げられ、絵画の主題にもなりつづけてきた。『徒《つれ》然草《づれぐさ》』（一一八段）ではコイを栄養満点の魚のように述べている。

カツオは同書の次の箇所（一一九段）では、下賤の魚としてかつては身分ある人は用いなかった、という鎌倉の年寄りの話を紹介している。しかしカツオも共通魚名であり、堅魚と表記されて貢租の一つだったのだから、おそらく鰹節として有用な魚だったはずである。その他の共通魚名を持つものも、早くから中央で知られ有用とされていた魚である。同時にこれら共通魚名の陰には、各地に数多くの限定魚名が存在していたであろうし、いまでも存在しているであろう。

限定魚名は、地域特有の珍しい魚のほか、メダカのように各地に棲息する馴染みの魚であったとしても、子供が相手にするだけの日常生活上は無用な魚が多いように思われる。先のトビウオの場合は決して無用ではなかったが、おそらく先に述べたような理由で、トビウオ以外の魚名は劣勢にたたされたのであろう。

ここで興味深いのは、サメである。有名な因幡《いなば》の白兎の神話に登場するワニは、どう考えても熱帯の淡水にいる爬虫類の鰐であるはずがない。そこで、山陰地方の一部では現在サメやフカをワニと呼んでいることからみて、神話のワニもサメだったであろうとされているのである。江《ごう》の川上流域の広島県の三次《みよし》盆地に行ったとき、あちこちに「ワニの刺身」を出す店があって驚いたが、よく聞いてみるとじつは「サメの刺身」だった。というわけで、ワニの名はサメに圧倒されることなく、山陰地方においては古代から生きつづけている魚名だと考えられる。このような限定魚名も各地には少なくないであろう。

余談だが、現在のように冷凍車のないころには、海から離れた山間部には鮮魚が届かなかった。しかしワニ（すなわちサメ）は他の魚に比べてごくわずか鮮度が長持ちするということで（そのかわり鮮度が落ちると強烈に臭いらしい）、三次盆地周辺ではワニ（サメ）ならば何とか鮮度が持つので刺身で食してきており、それが現在では名物のようになっているのである。著者も食べてみたが、高価なわけではなくなかなか美味しい。

タイの名

イシダイやキンメダイはタイではない、のである。『魚の事典』（東京堂出版、平成元年）によると、タイの名を持つ日本産魚類は二〇〇以上あるが、生物学的にタイといえるのは、狭義にはスズキ目・スズキ亜目・タイ科のマダイのことである。広義にはタイ科・フエフキダイ科・イトヨリダイ科に含まれる魚までをタイ型魚類とし、タイとして扱うことはあるという。イシダイは同じくスズキ目ではあるがイシダイ科の魚、キンメダイはキンメダイ目のキンメダイ科の魚である。ともにタイの名を僭称《せんしょう》しているが、この範囲外だからタイではないということになるのである。

タイの語源は、扁平な形から「平たい」にあるのではないかという説もあるが、明らかではない。語源が定かでないとはいえタイは典型的な共通魚名で、どこへ行ってもタイで通じる。限定魚名はないのではないだろうか。それどころか、キンメダイのようにタイではない多くの魚にまで、何々ダイというふうにタイの名がおよんでいるほど（渋沢は、タイの名が侵入していると表現する）、タイという魚名は人気がある。形が似ていれば、色彩や大小にそれほど関係なく、タイではない異魚類にまでつけられているのはなぜであろうか。

タイは貝塚から骨が出土するし、記紀や『万葉集』をはじめ古い文献にもしばしば登場し、早くから食用にされ、有用で中央によく知られた魚だった。多少の差はあれ、わが国のどこの海域にも棲息しているとともに、タイの中のタイであるマダイが北九州の海域や瀬戸内海で多く獲れ、これらの地が古くから中央と関係深い地域であることも、早くから知られた魚になる理由だったかと、渋沢は述べている。その上、何といっても美味であり、形が見栄えがする。このようなことから、早くからタイが共通魚名の地位を確立し、他の魚類の名にも影響していったのであろう。

ただ、どのような魚にもタイの名がついているわけではない。鈴木克美『鯛《たい》』（法政大学出版局）によると、次のような魚には一つもタイの名はおよんでいないのである。サメ・エイのような軟骨魚、イワシとかサンマのような体高のあまりない魚、ウナギとかアンコウ・フグ、さらにはグロテスクで一見してタイでないことが明らかな魚である。これら以外の、見ようによってはタイにも見えるかなというような魚には、先のキンメダイのように、積極的に何々ダイとつけられ、タイの名がおよんでいるのである。日本人は富士山や銀座にあこがれ、各地に何々富士や何々銀座がたくさんあるように、魚ではタイを最高の魚とみなして何々ダイと命名し、二次魚名をふやしていったのである。

　このような命名は、形をそのように見てつけたので名づけ的命名ではあるが、同時に、そのように見たいという気持ちをも含んだ命名であるともいえるであろう。

オコゼの名

　オコゼはタイとは異なって、食卓で馴染みのある魚ではないが、意外に魚名は知られており、かつ山の神にかかわる魚として、民俗学とは関係の深い魚なのである。

『魚の事典』によると、一般にオコゼは、「カサゴ目、フカカサゴ科の魚の中で、頭部の凹凸が顕著でグロテスクな容貌をもち、背鰭《せびれ》の棘《とげ》に毒をもつような魚」の総称とされる。渋沢の言をかりれば、「毒棘を持つことと醜貌なること」がオコゼの特徴なのである。

　さらに同事典によると、オコゼのなかで食用とされるのは「オニオコゼだけで、醜い姿に似ず大変美味でフグのように薄造りにして生で食べたり、空揚げ、吸い物などにして賞味される」そうである。著者も食したことがあるが、この事典の評価どおりだった。タイの中のタイがマダイであるように、オコゼの中のオコゼがオニオコゼということであろうか。オニオコゼは二十数センチの、いわば中型の褐色か黄褐色の魚である。オニとつけられているだけあって、角ばった上向きの口を持つなかなかの面がまえの魚だ。

オコゼという魚名は平安時代以来の文献に、鰧もしくは虎魚として登場し、各地において用いられている共通魚名である。のみならず渋沢によると、異魚類にまでこの魚名はおよび（侵入し）、何々オコゼという二次魚名を持つ魚は三〇種ほどにのぼる。タイの二〇〇にはおよばないが、タイが魚のみにとどまるのに対して、オコゼの方は、魚以外の動植物名にまでその名の広くおよんでいるのが特徴である。長野県ではイタチの類をオコジョ、山椒魚をオコゼという地域があるし、佐渡にはマムシをオコジョ、和歌山県にはイモリをオコゼといっていた地域がある。その他、毛虫や毒虫などをオコゼと呼んでいる地域は全国に多いのである。オコゼの見かけ上の特徴が、そのような感じの動植物への命名現象を生んだのであろう。

山の神とオコゼ

命名から少し話は離れるが、海魚ではあるがオコゼは、全国の猟師間でも山の神の好むものとして人気がある。オコゼの干物を懐中にして山中に入り、もし猟の成果のはかばかしくないときにはこれを懐から出し、山の神の坐《いま》すと思われる方に見せたり供えたりして機嫌をとると、山の神が多くの猟をさせてくれると信じられていたのである。あるいは、懐中からオコゼの干物をちらりと見せ、獲物を獲らせてくれたら全部見せますとか与えますと言って祈ると、山の神はそれを手に入れたさに豊猟にさせてくれると信じられていたのであった。

山中で働く者たちは全国的に、山の神を容貌の醜い女性神だと考えていた。そのため山の神は、醜怪なオコゼを見て自分よりも醜いものの存在に気をよくし、猟をさせてくれるであろうというのが猟師一般の理解だったのである。オコゼの醜貌は山中を活動範囲とする猟師にまで知られ、利用されていたわけである。この伝承は鎌倉時代の辞書である『名語記《みようごき》』にも出ているようなので、新しくはない。

山の神とオコゼの伝承が、かつて猟師間で真実のこととして信じられていたのは疑いようのない事実であるが、この二つがなぜ結びついたのかを説明するのは難しい。千葉徳爾『続狩猟伝承研究』によると、この前提として、山の神と海の神とは夫婦神であるという伝承があったはずであり、これは「記紀」の山幸彦《やまさちひこ》と豊玉姫《とよたまひめ》（海神の娘）の結婚神話にまで遡るのだという。すなわち結論だけ述べると、山幸彦と豊玉姫の仲を結果としてとりもつことになったのは、釣針を呑みこんでしまった口を病む魚であり、その引き裂かれたに違いない大きな口の魚の姿と、オコゼの容貌が似ているとみなされたからであろうというのである。山の神と海の神は夫婦となれば共に山の神であるはずであり、この二神間に誕生する子も山の神である。山の神にとってオコゼは、海の神とのあいだをいわば仲介してくれた恩人であり、とにかく無視できない存在というわけである。したがってオコゼを見せれば、必ずやよい猟をさせてくれるであろうというわけである。

このようなささいな魚、そして奇異な伝承にも、無視できない文化史上の問題が隠されているのである。

成長段階名

オタマジャクシと蛙ではないが、魚にも、成長段階に応じて名前を変えて呼ばれているものがある。出世魚《しゅっせうお》と称されている魚で、めでたいこととされている。

『日本魚名集覧』には八〇ほどの出世魚の名が挙げられているが、稚魚名と成魚名の二段階だけの魚がもっとも多い。この場合、成魚名は共通していても稚魚の名は各地さまざまだといってよい。

たとえば同書には、内田武志の報告にもとづいて、静岡県下のナマズの稚魚がオボコ・カヤスなど八〇ほどと、コイの稚魚名もアワゴ・コナゴイなど二八挙げられている。成魚名は同じナマズやコイであるのに、稚魚名は同一県の中でも地域によってこれだけ分かれているのだ。まだ稚魚の段階では出荷して外部と交渉を持つ必要がないためか、多くの魚の稚魚名は、まったく地域独自の限定魚名にとどまっているのである。

ただ、マイワシやカタクチイワシの稚魚は商品になるためか、稚魚名として多くの地でほぼ共通に、シラスとかチリメンというふうに呼ばれていた（シラスは透きとおった色からの命名であろう。ウナギの稚魚もシラスウナギと呼ばれる）。

愛知県の三河湾口では、春の終わりから秋の終わりにかけてシラス漁が盛んである。知多半島の先の篠島《しのじま》ではカタクチイワシの稚魚、すなわち一般にシラスというのをシロメと呼んでいるが、孵化して間もないごく小さいのをケチリ、三センチぐらいになったのをカチリ、鱗がついてきたものをカエリ、成魚をシシコといっている。シロメとは、そのうちのカエリになる前の段階の魚のことであり、これを盛んに獲るのだという。稚魚でもなかなか細かい分け方だ（野地恒有「海の行動学」）。

成長段階名の多彩な魚には、ブリ、スズキ、ボラ、マグロ、カツオ、カンパチ、マアジ、コノシロなどがある。ここでは多くの地域において何段階かの名前を持つブリとボラについて、数地域ずつの例を挙げながらみていこう。

〔ブリ〕

新潟（西蒲原）　ツワイソ↓フクラガイ↓イナダ↓ショノコ↓ブリ
東京　ワカシ（一五㌢ほど）↓イナダ（三〇㌢ほど）↓ワラサ（六〇㌢ほど）
↓ブリ（成魚）
静岡（駿河湾）　ワカナゴ↓イナダ↓ワラサ↓ブリ
和歌山（串本）　ツバス↓ハマチ↓イナダ↓メジロ↓ブリ↓オオイオ
島根（石見）　ショオジゴ↓ハマチ↓メジロ↓ブリ
大分（佐賀関）　シオゴ↓ハマチ／ヤズ↓シュントク↓ブリ（／は、またはの意）

ここでも注目されるのは稚魚名の多彩さであるが、わざわざ稚魚名の異なっている地域を選んだわけでは決してない。ブリについて挙げられている七〇地域ほどの例のうち、稚魚名はほとんどが異なっているのである（表示されている地名は広い範域を指すので、そのなかの地域すべてが例示のとおりかどうかはわからないが）。

成長するまでの中間段階の名もさまざまではあるが、傾向として、日本海側太平洋側ともに東日本ではイナダが多く、西日本ではハマチが多い。東日本ではワラサやフクラギも目につき（フクラギは右の例示には出ていないが）、西日本ではツバス（幼魚名にもある）やメジロも多い。ブリは中型に成長するともう取引されることもあるためか、中間段階名としてのイナダやハマチ・ワラサ・フクラギなどは比較的広範域に用いられており、現在でも、日常的に耳にする魚名となっている。

右の例示でもわかるとおり、稚魚名のみならず、個々の中間段階名がさまざまである上、これら三〜六の段階名の組合せと順序は、地域によって逆になる場合もあり、それこそ千差万別である。その理由の一端を渋沢は、ワラサやハマチはかつて地域限りの成魚名であったが、ブリが共通魚名として全国を圧倒してからは、地域ごとの成長段階名に押しこまれたからであろうと推量している。

〔ボラ〕

秋田　ヤチミゴ↓コツブラ↓ツボ／ツボオ↓ミヨオゲメ↓ボラ

東京　オボコ／イナッコ／スバシリ（二〇センチぐらいまで）↓イナ（三〇センチ以下）↓ボラ（三〇センチ以上）↓トド（最大級）

静岡（浜名湖）　キララ↓オボコ↓イナ↓ニサイ↓ボラ↓トド

兵庫　アシノミ↓スバシリ／チヨボ↓ボラ

高知　ボラコ↓イキナゴ／ギンビシコ↓コボラ／イナ↓ボラ

鹿児島（奄美宇検）　チクラ／チクラツグヮ↓サクジ↓チクチ

ボラの場合も、稚魚名の多彩さはブリと同様である。ボラはブリほど成長段階名に東西の地方的特徴ははっきりみられないものの、成魚名のその後さらに、大型の海獣の名をとってトドと命名している例のあるのは興味深い。鹿児島には老成し一メートル二〇センチぐらいになるとカネウチボラと呼んでいるところもあるようだ。成長段階名の一つひとつの語源は定かでないが、幼魚名のオボコ・イナッコ・ニサイ・チョボ・ボラコ・コボラなどには、トドとは逆に、ボラの小さいものという意味がよく表われている。なお、奄美大島までいくと成魚名をボラと呼ばないのであろうか。

　このように成長段階名をみてきたが、成長段階名を持つ魚は比較的大型のものに多い。稚魚時代とはしだいに形が変わっていくからであろうか、それぞれ別種の魚とみなされていた時代があって、それが成長段階名として定着していったのかもしれない。

　本書冒頭で、山間の岐阜県揖斐《いび》郡旧徳山村においては、貴重な蛋白源であった渓流魚のアマゴを、稚魚から成魚まで、タマゴ→コッツン→ハヨ→シラ→アマゴ→スリボケ→ハネカリヤと細密に呼び分けて観察していたことを紹介したが、これももちろん川魚の一つの成長段階名である。有用だったから、徳山村の人びとはこれだけ細かい段階名を共有していたのであった。この場合もアマゴだけが共通魚名で、あとはこの地域のみの限定魚名ということである。

以上、魚名の多様さをみてきたが、魚名からも、四周が海である日本の魚との交渉史の多彩さをうかがうことができるであろう。これは一つの文化史の問題である。もっと細かく調べていくと、地域地域において魚の命名の豊かさをさらに感得できるであろう。

蝸　牛

カタツムリを昔はどう呼んでいたか

先にコイやタイという魚は、古くから日本中どこでもコイ、タイの名で通じていたが、メダカという魚は、近代になるまでメダカという名前では通じなかったと述べた。共通魚名の成立が遅く、方言名が長く割拠していたからである。同じことは小生物にもいえ、モグラ（土竜）やクモ（蜘蛛）は、少しの訛《なま》りや細分化した呼称にこだわらなければ、どこでもモグラ、クモで通じるが、カマキリ（蟷螂）には系統の異なる何十という方言名があって、近代以前にはカマキリと言ってわかりあえる範域は狭かった。

これから述べるカタツムリ（蝸牛）も多くの方言名を持ち、近代になっても最初のうちは、カタツムリでは畿内周辺地域以外では通じにくかったのである。明治末に「デンデンムシムシカタツムリ」ではじまる文部省唱歌「かたつむり」が歌われることになって、広く共通語化したのではないだろうか。学校教育の影響という点ではメダカと同じである。

カタツムリは種類も多いようだが、方言名も何百と知られている。カタツムリもそのうちの一つなので、方言名と現在の共通語との紛らわしさを避けるために、それら多くの方言名が指す軟体小動物でもあり巻貝でもある生き物を、以下では、蝸牛と表記することにしたい。

蝸牛を食用にする国もあるが、そのことはさておいて、幼少のころ、ほとんどの人が興味を持ったことのある生き物とはいえ、蝸牛はわれわれの日常生活にさしてかかわり深いものではない。有用でもない。しかしその方言名の分布状態は、言語学（方言学）や民俗学に、大きな示唆と刺激を与えるものとなっているのである。

方言周圏論

昭和初期に、全国各地に分布する蝸牛の名前を比較した柳田国男は、『蝸《か》牛考《ぎゅうこう》』を著わして、その成果を問うた。現在ではもう何百という方言名の採集は不可能であろうが、一〇〇年前には、豊かな名前がまだまだ生きていたのである。『蝸牛考』の文章は平易だが、内容は捉えどころがないといおうか、すっきりと説明されているわけでは必ずしもない。新しい試みのために、多くの方言カードを手にしながら、分布図を作りつつ、あちらの束へこちらの束へと並び替えながら想を練り書き進めたであろう柳田の姿を髣髴《ほうふつ》とさせる運びとなっている。その結論は、次のように要約できる。

蝸牛は、はるか昔には各地各様に命名されていたかもしれないが、現在（著者註：大正から昭和初期）の方言名はおおよそ、ナメクジ系、ツブラ（ツブリ）系、カタツムリ系、マイマイ系、デデムシ系に分類できる。これらの分布地域は入り乱れ、境界域では複合もしているが、おおよそのところ畿内とその周辺部にデデムシ系があり、デデムシ系の外側には南北（南西と北東）ともマイマイ系があり、さらに外側にカタツムリ系が、その外側の地域にツブリ系が分布している。そして沖縄県と北海道を別にすると、日本列島の南北両端（九州中部域と青森・岩手県）にナメクジ系がある。

この分布状態から蝸牛の方言は、京都を中心にほぼ同心円状に分布しており、方言名の遠方同士の一致、近くの不一致が指摘できる。

このことから、蝸牛の呼称は文化の中心域である京都周辺（Aとする）で何かの機会に造語され、その新しい表現が支持され定着すると、しばらくしてその周辺域（Bとする）に伝播して、それまでのその地の蝸牛の語を駆逐したりときには複合したりして定着した、と考えられる。Ｂ地域で新しい語が定着するころにはそれまでＢ地域で用いられていた語はさらに周辺域（Ｃとする）に伝播しているというように、中心域で言い出された語がその周辺域、さらにその周辺域へというように伝播していった。静かな池の中央へ石を投げ入れると波紋が同心円状に周囲へ周囲へと広がっていくようにして、蝸牛の語も、Ａ↓Ｂ↓Ｃ↓……というふうに周辺地域へ広がっていった。その結果、南北のもっとも離れた地域同士がナメクジという同じ方言を持ち、その少し内側同士がまた同じ方言という分布を示すことになったのであろうと、推量できる。したがって、中心域から遠くで使われている語ほど、古い語だということになる。

もちろん伝播には地域の事情がからんで遅速が生じるし、さまざまな語との複合もあったであろうから、分布状態は相当に錯綜し、実際にはきれいに同心円状になっているわけではない。しかし傾向としては、確かに右のようにいうことができるのである。

このことから、蝸牛の各語は、中央においてナメクジ↓ツブラ（ツブリ）↓カタツムリ↓マイマイ↓デデムシの順で造語され、この順序で伝播を重ねていったはずである。もっとも新しいデデムシは、現在まだ中央にとどまっているのだ。

平安時代の『和名類聚抄《わみようるいじゆしよう》』に加太豆布利《かたつふり》（加太豆不利）としてカタツムリの語がある

ので、カタツムリが相当の古語であるのは確かだが、文献に記される機会に恵まれなかったとはいえ、蝸牛は中央においてそれより古くはツブラ、さらに古くはナメクジと呼ばれていて、造語されるとつぎつぎに周辺地域へ伝播していったと推量できる。

要約は以上だが、柳田のこの学説は方言周圏論と呼ばれ、よく知られている。ヨーロッパの言語地理学の方法を参考にしているとされるが、関東方言とか北陸方言というような方言区画論に対する、新しい考えだった。遠くの一致近くの不一致というような、方言区画論では理解できない語の分布を考える上で、これは現在の方言研究においても有効な学説とされているのである。

同じように蜻蛉はほとんどの地域でトンボであるが、『蝸牛考』の著わされた当時には、沖縄県や種子島と東北六県ではアキズとかアキズムシと呼ばれていたようである。アキズとは蜻蛉の古語であり、この古語が日本列島の南北にのみ存在している理由も、方言周圏論によって理解できる。

事例は他にも挙げられようが、少し変わったところでは、近年、松本修が『全国アホ・バカ分布考』を著わし、賢くない人をいうアホ、バカ、タワケ、トロイ、ダラ、ホウケ、ホンジナシなどなどの語も、ほぼ周圏的分布をなしていることを証明した。興味深い結果で、方言周圏論に新たな資料を提供したのである。

蝸牛への命名

そこで蝸牛への命名であるが、蝸牛の特徴は、ナメクジのようにぬめぬめしておりそのような感じで進むこと、渦をなす巻貝を持っていてそこから身を出し入れすること、さらに出した半身から必要に応じて触角を伸ばし、触角の先には目がついていることにある。これらが、各命名のもとになっているのだといえる。

もっとも古い呼び方とされるナメクジ系は、これの出す粘液のぬめぬめ感にもとづいた命名かと思われる。同じようにぬめぬめを感じさせる似た小生物にナメクジ（蛞蝓）がいる。そのためか古くは鷹揚に、ナメクジという一つの語で蝸牛と蛞蝓という二種の生き物を指していたと考えられるが、やはり区別の必要を感じたのか、各地域では、巻貝の有無によって蝸牛をカイナメクジ（貝を持つナメクジ）とかイエモチ（家を持っている）、逆に蛞蝓をハダカミャミャとかハダカマイボロ（ハダカは裸、すなわち殻を持たないこと、ミャミャもマイボロも蛞蝓の方言）と呼ぶなど、ナメクジという語を基本にして、両者を区別するさまざまな呼び方も生みだされていた。そのうち蝸牛には、ナメクジに代わる新しい名前が求められるようになったのであろう。

そのため、次に古いとされるツブラ（ツブリ）系の語が生まれたのであろう。ツブラ系の語には、ツブロ・ツグラメ・ツンブリなどあるが、そもそもツブラは丸いもの、丸く巻き上げた形を指す語である。丸くて可愛い目を円《つぶ》らな瞳という、あのツブラと通じる。瓢簞《ひょうたん》をツブルという地域もあるし、土器製作の過程で太く長い粘土をぐるぐる丸く巻き上げていく印象が、蝸牛の巻貝を見ていた人の目に反映したのかもしれない、と柳田は考えた。かつて、飯櫃《めしびつ》や幼児を入れておいた藁《わら》製の丸い容れ物のツグラも、語として関係があるのかもしれない。こういう点からツブラという呼称は、蝸牛の持つ巻貝の部分を注視して興味を持った人（おそらく童児）が、ツグラなどの他の丸い物を連想してツブラないしはツブリ・ツブロに近い語として命名し、それまでのナメクジを駆逐して多くの人の支持を得て定着し、徐々に周辺部にも伝播していったのであろうというのである。

次のカタツムリ系のカタツブリは、すでに平安時代の京都にあったが、これは右のツブラにカタが複合した語だろうという。カタはカサから変化したとも考えられ、もしそうだとするとそのカサは笠のことだという。そして蝸牛の巻貝部分の丸さと高さに注視して、笠に似ているとか笠を着用した生き物だとする捉え方がカサツブラという命名を促したあと、カタツブリに転訛し、さらにはカタツムリになったのであろうと考えられるわけである。単にツブラというよりははるかに具体性を帯びた名になっている。

そのつぎに造語されたマイマイの語は、貝の巻き方に着想を得た命名であるのは確かである。カタツブラと同様に、これもツブラ系の語と複合して、初めはいったんマイマイツブラになったと考えられ、その後マイマイツブロへと変化した。『蝸牛考』の構想が練られていた大正末期から昭和初期当時の東京やその周辺では、蝸牛はデンデンムシではなく、まだマイマイツブロと呼ばれることが普通だったようである。

そして、当時の京都やその周辺ではマイマイツブロはもう古く、もっとも新しいデンデンムシの語が支配的になっていた。この語は、出え出えとか出ろ出ろという命令の語から発しており、童児が蝸牛をじっと見て、貝の中に隠れていないで早く出ろ出ろと催促してデエデエムシと呼んだのがいかにも適切な表現で、蝸牛の新しい命名として支持され定着していったのだろうという。それがデンデンという口拍子の良さにひかれて、いつのまにかデンデンムシに変わっていったのだと考えられているのである。

またデエデエには身を出せのほかに、触角を振りまわす姿も面白く、触角を出せの意も含んでいたかと思われる。これがのちに角出せ槍出せ目玉出せへと発展していくのである。そのため蝸牛を、ツノダシとかツノデエロと呼んでいた地域もあった。

蝸牛という、とくに有用でもない小さな生き物へも、人（おそらく童児）は古くからじっと観察しつつつぎつぎに新たな名を考えていった。稚い表現とはいえ、確かな造語力を示してきたのである。そしてその伝播の結果は、言語伝播の重要な法則を教えてくれるものとなっている。童児らによる蝸牛への命名が文化史研究に与えた影響は小さくなかったのである。

大学名

『全国学校総覧（二〇一二年版）』（原書房）によると、日本の大学数は国公私立あわせて七八〇あり、学生数は二九〇万近くにのぼる。大学進学率はほとんど五〇パーセントに達し、高等教育のたいへんな普及である。当然、大学名は多岐にわたっており、命名問題にとってなかなか興味深い。管見のかぎり、これまで大学の命名を考えた成果はないが、著者なりに少しみていこう。

所在地の名

大学名をみてみると、おおよそ、所在地の地名からとったもの、建学の精神とか創立の趣意を反映させたもの、創立者の名をつけたもの、創立時の年号をつけたものというように、四つに大別できる。大学数もこの順に多い。もっとも、これらをミックスさせた名前の方が多いのではあるが。

国公立大学のほとんど全部が、所在地名をとって命名されている（一般大学とは性格の異なる総合政策大学院大学のような大学は除く）。国立大学の場合、北海道大、京都大、広島大のように、都道府県名から命名されているものが圧倒的に多い。都道府県より広い地名のものには東北大、九州大などがあり、狭い地名からの命名には弘前大、一橋大、名古屋大などがある。しかし、広狭あわせても三分の一に満たず、都道府県名をとった大学の多いことがわかる。地名を採用していない国立大学は、電気通信大（東京）のみである。

公立大学の場合は、都道府県名のほか、札幌市立大学や新見公立大学、下関市立大学のように市などの地名をつけたものも多い。経営母体である自治体の名称がつけられているのだが、当然のことである。公立大学でも、名前に地名を含めていないのは国際教養大（秋田）・名桜《めいおう》大（沖縄）のみである。

これらのことから、国公立大学には、いかに地名を名乗る大学が多いかわかるであろう。所在地の地名をとれば、どこに所在する大学であるのか確かにわかりやすい。公立大学の場合、大学のあることがその自治体のアイデンティティーにもなるであろう。ただ、その大学がどういう特色を持っている大学なのかという点からは、地名のみでは顔のみえない憾みがある。総合大学だから特色を名前に盛り込みにくいのではあろうが、大学一つひとつの学部名（学部名も時代を反映した個性的なものがふえてきており命名上興味深い）まで調べてみると、地名から命名している大学に二、三の学部しか設置されていない大学もあり、総合大学ばかりとは決していえないのである。

地名を冠しながらも、北海道教育大、京都工芸繊維大、鹿屋《かのや》体育大、香川県立保健医療大のように、教学の内容などを明言している大学も少なくない。東京には、医科歯科・外国語・学芸・農工・芸術・工業・海洋というふうに、東京という地名に加え、何を研究し教えるのかという創立の趣意内容を明らかにした国立大学が七大学もある。このような命名は名のり的命名だといえよう。

私立大学の場合は、札幌大、早稲田大、近畿大、沖縄大のように、大小（広狭）の地名のみを大学名としている例は多くない。しかし、八戸工業大、長浜バイオ大、兵庫医科大、九州看護福祉大のように、教学の内容を名のりつつ地名も明らかにしている大学は多く、私立大学約六〇〇のうち四分の三ほどになるのである。

このように大学は、国公立・私立を問わず、まずどこにあるのか所在地名を明らかにすることが、命名にとってもっとも必要だと考えられていることがわかる。

建学の精神

建学の精神とか創立の趣意、教学の内容など、その大学のモットーというかキーワードのみを掲げた大学名は、私立大学に多い。命名上の私立大学の大きな特徴である。ものつくり大（埼玉）、敬愛大（千葉）、国学院大（東京）、成蹊大（東京）、佛教大（京都）、立命館大（京都）、同志社大（京都）、就実大（岡山）などがそうである。工学院大（東京）、立教大（東京）、拓殖大（東京）、産業能率大（神奈川）、その他まだまだある。

これらは、個人なり団体なりがみずからの理想を追求し、それを基盤に据えた研究や教育を推進したり、また、そのときどきの世の中の需要に応えようとして創立した大学であることが、一目でわかる。

たとえば前者に属する敬愛大は、西郷隆盛《さいごうたかもり》が好んだ「敬天愛人」にもとづく人材育成を目指しているし、同志社大は、志を同じくする個人の約束による結社という理念を標榜したものである。成蹊大は、名前を『史記』にある「桃李《とうり》　不言《ものいわざれども》、下《した》　自《おのずから》　成蹊《みちをなす》」からとり、そのとおり個性のある有徳な人材の育成を目指そうとしていることがわかる。就実大は明治四十一年（一九〇八）の「戊辰詔書」にある「去華就実」をモットーとし、内面の充実した人材の育成、社会貢献のできる人材の育成を教育の柱としているのである。

後者には、そのときどきの世の需要に応えようとして創設された大学で、医学・工業・経済（商業）・芸術・体育などにかかわる人材養成を目的に掲げた大学名が多い。多くの女子大学も、女子教育という点でこれに含めてよいであろう。近年、福祉や看護とか情報を含む大学名がふえているのは、新しい時代の要請を反映したものといえよう。

なお、日本大・東洋大・亜細亜《アジア》大（いずれも東京）は、地名をつけているとはいえ、あまりにも大きい地名を背負った大学である。しかしこの地名は、日本にある、東洋にあるというように所在地を明言しているというよりも、地名に、日本精神を基盤におくとか、哲学とくに東洋哲学の究明、アジア各地への雄飛と貢献などの意味を含意させているのだと思われ、むしろ建学の精神を名のった大学名だといえよう。

創立者名

創立者とか創立にかかわる人の名前を含んだ大学名には、跡見学園女子大（埼玉）、津田塾大（東京）、大妻女子大（東京）、杉野服飾大（東京）、北里大（東京）、椙山《すぎやま》女学園大（愛知）、大谷大（京都）などがある。創立者の教育観にもとづく人材養成を標榜している名称で、創立者名に建学の精神を含意させた命名だといえるであろう。

年号

創設時の年号（元号）を大学名にした大学には、慶應義塾大（東京）、明治大（東京）、明治学院大（東京）、大正大（東京）、昭和大（東京）、昭和女子大（東京）などがある。まだ平成大は現われていないが、すでに平成国際大（埼玉）・帝京平成大（東京）・平成音楽大（熊本）は存在している。

以上のようにみてくると、日本のほとんどの大学の名前には所在地名が含まれている。とくに国公立大学ではすべてといってもよい。調べてみるまで筆者は、私立大学の場合は名前に建学の精神を掲げ、もっと個性的な大学名が多いのかと思っていたのであるが、私立大学も大多数は地名を無視できないのだということがわかった。ただ、私立大学の場合には、所在地名に加え、教学の内容などを含めて命名されている例が多いとはいえる。

したがって日本の大学名には、所在地名に、わかりやすく建学の精神や創立の趣意とか教学の内容を盛り込んだ、名のり的命名がもっとも多いことになる。

現代の命名事情――エピローグ

命名の新旧

数年前、近くのさほど大きくない動物霊園の墓石を見て歩いていたら、何と、「愛猫・漱石之墓」というのがあって、驚くとともに妙に感心してしまった。飼い猫に「漱石」と名づけていた人がいたのだ。

かつて猫の名は三毛とかタマ、トラなどに相場が決まっていたように思う（戦災で疎開した福井県足羽《あすわ》郡の母の実家では白黒の猫の呼称はテジと決まっていたことも思い出す）。コンパニオンアニマル化のもと、モモチャンとかレオ、モクシーなど、最近は個性的な名のふえていることは承知していたつもりだが、漱石先生の名を襲う不届き者といおうか、愉快な知恵者まで出るようになったのである。犬も大きくないのにはポチとかシロ、やや大きい犬にはブチあるいはタロー、ジロー、おおきな洋犬にはジョンなどという従来の一般的な名は、少なくなりつつある。猫や犬といえども一匹一匹の呼称なのだからそれも当然ではあるのだが、それぞれとにかく個性的で、期待型の命名になってきているように思われる。この場合は癒やし型ともいえよう。

本書では地名と人名を中心に、その伝承的側面と言葉の持つ力に注意をはらいつつ、名づけの実態についてみてきた。風名や魚名、蝸牛、大学名についても言及したが、大学名はもちろんのこと、かずかずの風名や魚名も集合的性格への命名と考えれば、地名や人名と同じくこれらも固有名詞だと考えてよいであろう。軟体小動物としての蝸牛の名についても同様である。

町や村、畑、山や川、人、風、魚などといういわば所与の語の内容を細分していって、最後に個々のモノを他のモノと区別し皆で認識を共有しようとして命名するときに、固有名詞が生みだされる。それに多くの人が共感するようならば、広く使用され定着することになる。したがって固有名詞には、集団の認識が反映されているとも、認識が籠められているともいうことができるのである。

その命名のさい、地名は、土地の形状の解釈や場の性格、使用目的などからなされる傾向にあった。それが近年では縷々《るる》述べてきたように、土地に対する期待や抱負、主張にもとづく命名がふえているのではないかと思われる。その傾向は、早くから古代の国名郡名等への好字嘉名の推奨や、後世の開発新田の開発者名などにもみとめられてはいたが、近年はそれがとくに著しくなっているのではないであろうか。著者のいう「名のり的命名」である。

人名には、そもそも名のりという意味あいが強かったはずである。しかし古くは限られた動植物名から選ぶ慣習があったり、時代が遡るほど祖名継承のような命名の閉鎖的体系が支配的であったりして、人の命名といえども必ずしも自在ではなかった。それが近代では、さまざまな軛《くびき》から解放されて自由になったかのように思われる。とくに近年では、家族の名である苗字を別にすれば、命名はまったく自由になされている。奔放になっているといった方がよいかもしれないくらいである。対象者である幼児への願望や期待を名前に自在に反映させるようになっているのである。

命名は、いっそう命名者のセンスの試される時代になっているのだといえよう。

今後の課題

風のような気象名とか、草木虫魚、動物名などのように、いわば人の外側に存在しているものへの命名とは別に、人が作り出したもの、たとえば、さまざまな製品（多くは商品になる）、制度、芸術作品、娯楽、食品、さらにはサービスなどへの命名も、今後は名づけの問題として考えていかなければならない。本書では取り上げることができなかったが、これらの名はすべて、願望とか抱負、主張を前面に押しだして訴えようとする「名のり的命名」である。観察力を言語化したものとは別の世界の命名なのである。

製品には流行の激しい衣服もあるが、各社が鎬《しのぎ》を削っている車の名はどうだろう。カローラ、セドリック、パルサーはやや古いかもしれないが、プリウス、アクア、セレナ、パジェロ、フィット、アルト、ミライースなど、つぎからつぎへと新車が登場している。性能や形の良さは当然としても、ネーミングに魅せられて購入に踏みきるユーザーもあるであろうから、各社とも、主張の浸透と雰囲気づくりに知恵をしぼっているはずである。

薬も製品である。本書の最初の方で触れた売薬名であるが、国語学者の山口仲美は、江戸時代の赤蛙丸、痛治散、疱瘡安全湯というような漢方薬名にはじまり、昭和後期のキャベジンコーワ、ビオフェルミン、リポビタンDにいたるまでの各時代の名前を分析している。そのなかの効能を具体的に主張する名だけでも、調痢丸（下痢をととのえる）・痰解散《たんげさん》（痰を解く）からはじまって、ジナオール（痔が治る）、ハナトール（蓄膿症用）、ラクトール（便秘が治る）などにいたるまで、さまざまな変遷がある。毛髪剤では、単に毛のはえるくすりという単純な名から、グロースファクター（グロースは英語のgrowthからの名）、ケデール（毛が出る）、不老林、加美乃素などなど、工夫がこらされてきた。多くの人の苦心がしのばれるではないか。

昭和三十年代、高度経済成長期の家庭の三種の神器は電気洗濯機・電気冷蔵庫・テレビだったが、なぜテレビだけが片かな名なのか。前二者にはすでに盥《たらい》や洗濯板、氷の冷蔵庫というように先行する物があったので、それの電化製品として造語されたから日本語なのであろうが、テレビはまったく新しい製品だったので、そのままテレビジョンの略語として定着したのであろう。以後電化製品には、エアコン、トースター、コンピューター、パソコンなどなど、電脳というような造語の労を怠って、さまざまな片かな語が一気にふえることになってしまった。頑張っていた電気掃除機も、クリーナーにとって代わられつつあるようだし……。写真機や蓄音機（器）や自動車などの造語されていたころがなつかしい気もしてくる。

訳語とはいえ、民主主義という語は立派な命名の成果である。実態の表現というより、これも抱負あるいは主張による「名のり的命名」であることは間違いない。ひよっとすると願望の表現なのかもしれない。さまざまな法律名、それにもとづいて設けられる組織名はいかに命名されているのか、制度の命名にも考えてみるべきことが多いのである。本書では大学名についてみてきたが、政党名はいかがであろうか。

なお、電車のシルバーシートはいまひとつだったように思うが、直訳ながらpriority seatを優先席としたのはまずまずの命名だったと思う。ただ残念ながら博愛座の方がさらによい命名のように思われるが、いかがであろうか。

娯楽そのものの名ではないが、野球やサッカーなどのチームの命名も興味深い。そして食品名も……、と考えていくときりがない。

とにかく命名は、従来のモノの解釈型・認識型から、期待型・抱負型・主張型に静かに移行しつつあるのである。周囲を取りまくモノに相対的に自然物が少なくなり、人の作りだしたモノが多くなるにつれて、従来のように観察にもとづき解釈して命名するというよりも、モノに期待し主張するための命名が多くなるのは当然であろう。その傾向は、地名にもおよんでいるのである。今後の命名研究は従来の視点にとどまっていることなく、筆者のいう「名のり的命名」のふえている現状を念頭において、それを取りこんだ研究でなければならないのである。

あとがき

命名については前から関心を抱いていた。まとめたものは少ないが、一度はよく考えてみたいと思ってきたことである。この大きな問題にとっては不充分な内容であろうが、いま何とか「あとがき」を記す段階にまで漕ぎつけることができ、ほっとしている。執筆しながら楽しかった。

民俗学では、比較的早くから地名、野草や野鳥の名前、風名などに関心をよせ、そう名づけた人の観察眼や言語観と、それに共感して受容定着させていった集団の、柔軟で確かな感受性を分析してきた。そこに、そのモノについての集団の認識を理解しようともしてきたのである。同時に各種の「分類習俗語彙」を編纂し、各地の行事や慣習、組織のありようや規範、語り、用具などへの、豊かな命名の結果を掬いとってもきたのである。取りあげた名前にはもう消滅してしまったものも少なくなく、これらは民俗学の成果として、また日本文化史の資料として貴重な大きな財産となっている。

これまでの命名への関心は、ほとんど形ある物や、目に見えなくても共通に体験したり共有されつつある事柄や認識への命名である。その適切さが、多くの人びとの共感をえてきたのである。

このような命名に対して、人の名前は観察の結果とはいえない。命名者による、そういう人になってほしいという期待とか願いの表明である。改名が認められていたころの幼名や元服名とか、一般にいう綽名《あだな》などはいくらか異なるであろうが、近代以降の人の名前は、明らかに期待や願いの結果なのである。

また、新しい地名にも、観察の結果とはいえないものが多くなってきている。自由が丘とか希望が丘、弥栄《やさか》町などという地名は、こういう地域になってほしい、こういう地域にしてみせるという住民の期待、願望、あるいは決意からくる名前だといえよう。

同じ命名、名づけではあっても、著者は、観察による特徴をとらえた命名を「名づけ的命名」、期待や決意の反映したものを「名のり的命名」と呼んでいるのである。「名のり的命名」は、人名や新地名のみならず、団体・組織名や各種商品名など多くにおよんであり、今後ますますふえていくことであろう。命名の問題を言語表現そのものとして考え、言語芸術とか口承文芸の枠内でとらえようとする考えもあるが、そういう問題意識ではもうすまされない。もっと大きな文化現象として考えなければならないのである。

まとめ終えてほっとしているとは述べたが、記しておくべきこと、考えておくべき事柄はもっともっと多い。いまは力およばずであるが、今後の課題として考えつづけていきたい。ご批正をお願いするものである。

本書の内容は、平成二十一年度の成城大学文芸学部における授業「民俗学特殊講義」の内容にもとづいて、このたび書き下ろしたものである。だいぶ時間がたってしまったが、質問などをとおして刺激を与えてくれた受講生諸君に、感謝したい。資料を集めるにあたっては、民俗学研究所の林洋平氏にいろいろお世話になった。

完成までには、吉川弘文館編集部の一寸木紀夫氏および永田伸氏にたいへんお世話になった。お礼申しあげる。

平成二十五年十二月十六日

田　中　宣　一

参考文献

＊原則として事典・辞典は除く

池辺　弥『和名類聚抄郡郷里駅名考証』吉川弘文館、昭和五十六年
板橋春夫『生死』（いのちの民俗学・3）社会評論社、平成二十二年
井之口章次『仏教以前』古今書院、昭和二十九年
上野和男・森謙二編『名前と社会―名づけの家族史―』早稲田大学出版会、平成十八年
上野和男「沖縄の名前と社会―閉鎖的名前体系の一事例として―」（『琉球・アジアの民俗と歴史〈国立歴史民俗博物館比嘉正夫教授退官記念論集〉』）
大塚博夫「小地名としての川筋名の考察―神奈川県中津川流域の場合―」（『日本民俗学』九〇、昭和四十八年）
大藤　修『日本人の姓・苗字・名前―人名に刻まれた歴史』吉川弘文館、平成二十四年
小川　豊『災害と地名』山海堂、昭和六十一年
奥富敬之『名字の歴史学』（角川選書）、平成十六年
小野重朗「産育儀礼にみる試練と命名」（『日本民俗学』一四三、昭和五十七年）
片岡正人『市町村合併で「地名」を殺すな』洋泉社、平成十七年
川名　興「植物の方言名における命名の民俗学的考察」（『日本民俗学』一六八、昭和六十一年）
小島孝夫「アワビ採具からみた潜水採集活動―三重県志摩郡大王町畔名の海女の事例―」（『海と民具』

雄山閣出版、昭和六十二年）
斉藤義信『図説・雪形』高志書院、平成九年
桜田勝徳『美濃徳山村民俗誌』刀江書院、昭和三十四年（『桜田勝徳著作集』四、名著出版に再録）
桜田勝徳「舟名集㈠㈡㈢」（『日本民俗学』第一〜三巻、昭和二十八・二十九年）
渋沢敬三『日本魚名集覧』（『日本常民生活資料叢書』第三巻、三一書房、昭和四十八年所収。刊は昭和十七〜十九年）
渋沢敬三『日本魚名の研究』角川書店、昭和三十四年
関口　武『風の事典』原書房、昭和六十年
鈴木克美『鯛』法政大学出版局、平成四年
武光　誠『名字と日本人―先祖からのメッセージ―』（文春新書）、平成十年
田中宣一「『名づけ』と『名のり』―命名研究の一視点」（『日本常民文化紀要』第二三輯、平成十三年）
田淵行男『山の紋章・雪形』学習研究社、昭和五十六年
谷川健一編『地名は警告する―日本の災害と地名―』冨山房インターナショナル、平成二十五年
谷川健一『谷川健一全集』冨山房インターナショナル、平成十八〜二十五年
千葉徳爾『続狩猟伝承の研究』風間書房、昭和四十六年
千葉徳爾『新・地名の研究（新訂版）』古今書院、平成六年
千葉徳爾『地名の民俗誌』古今書院、平成十一年
長沢利明「ナンジャモンジャの樹拾遺」（『日本民俗学』一八〇、平成元年）

中山正典『風と環境の民俗』吉川弘文館、平成二十一年
野地恒有「海の行動学」(『日本の民俗 1〈海と里〉』吉川弘文館、平成二十年所収)
広島県立歴史民俗資料館編刊『江の川の漁撈』(昭和五十九・六十年、平成三年)
藤井正雄『戒名のはなし』吉川弘文館、平成十七年
藤原与一『日本の造語法』明治書院、昭和三十六年
松本 修『全国アホ・バカ分布考』太田出版、平成五年
三橋 健『国内神名帳の研究』おうふう、平成十一年
森岡健二・山口仲美『命名の言語学—ネーミングの諸相—』東海大学出版会、昭和六十年
吉田金彦・糸井道浩編『日本地名学を学ぶ人のために』世界思想社、平成十六年
安間 清『早物語覚え書』甲陽書房、昭和三十九年
柳田国男・関敬吾『日本民俗学入門』改造社、昭和十七年
　＊柳田国男の著作は『柳田国男全集』(筑摩書房、平成九〜)によった。
山口 貞夫「沿海地名雑記」(『民間伝承』五—一一・一二、六—一・二・四・五)
山口弥一郎『山口弥一郎著作集』三(世界文庫、昭和四十七年)
横浜市住宅表示課編刊『横浜の町名』平成八年
吉崎正松『都道府県名と国名の起源』古今書院、昭和六十年

著者紹介

一九三九年、福井市に生まれる
一九六七年、國學院大學大学院文学研究科博士課程単位取得退学
現在、成城大学名誉教授、博士（民俗学、國學院大學）

主要著書
『年中行事の研究』（おうふう、一九九二年）
『徳山村民俗誌　ダム　水没地域社会の解体と再生』（慶友社、二〇〇〇年）
『祀りを乞う神々』（吉川弘文館、二〇〇五年）
『供養のこころと願掛けのかたち』（小学館、二〇〇六年）
『三省堂年中行事事典〈改訂版〉』〈共編著〉（三省堂、二〇一二年）

歴史文化ライブラリー
373

名づけの民俗学
地名・人名はどう命名されてきたか

二〇一四年（平成二十六）三月一日　第一刷発行

著　者　田《た》中《なか》宣《せん》一《いち》

発行者　前田求恭

発行所　株式会社吉川弘文館
東京都文京区本郷七丁目二番八号
郵便番号一一三—〇〇三三
電話〇三—三八一三—九一五一〈代表〉
振替口座〇〇一〇〇—五—二四四
http://www.yoshikawa-k.co.jp/

印刷＝株式会社 平文社
製本＝ナショナル製本協同組合
装幀＝清水良洋・宮崎萌美

歴史文化ライブラリー

1996.10

刊行のことば

現今の日本および国際社会は、さまざまな面で大変動の時代を迎えておりますが、近づきつつある二十一世紀は人類史の到達点として、物質的な繁栄のみならず文化や自然・社会環境を謳歌できる平和な社会でなければなりません。しかしながら高度成長・技術革新にともなう急激な変貌は「自己本位な刹那主義」の風潮を生みだし、先人が築いてきた歴史や文化に学ぶ余裕もなく、いまだ明るい人類の将来が展望できていないようにも見えます。このような状況を踏まえ、よりよい二十一世紀社会を築くために、人類誕生から現在に至る「人類の遺産・教訓」としてのあらゆる分野の歴史と文化を「歴史文化ライブラリー」として刊行することといたしました。

小社は、安政四年（一八五七）の創業以来、一貫して歴史学を中心とした専門出版社として書籍を刊行しつづけてまいりました。その経験を生かし、学問成果にもとづいた本叢書を刊行し社会的要請に応えて行きたいと考えております。

現代は、マスメディアが発達した高度情報化社会といわれますが、私どもはあくまでも活字を主体とした出版こそ、ものの本質を考える基礎と信じ、本叢書をとおして社会に訴えてまいりたいと思います。これから生まれでる一冊一冊が、それぞれの読者を知的冒険の旅へと誘い、希望に満ちた人類の未来を構築する糧となれば幸いです。

吉川弘文館

〈オンデマンド版〉
名づけの民俗学
地名・人名はどう命名されてきたか

On Demand
歴史文化ライブラリー
373

2022年（令和4）10月1日　発行

著　者　田《た》中《なか》宣《せん》一《いち》
発行者　吉川道郎
発行所　株式会社　吉川弘文館
〒113-0033　東京都文京区本郷7丁目2番8号
TEL　03-3813-9151〈代表〉
URL　http://www.yoshikawa-k.co.jp/

印刷・製本　大日本印刷株式会社
装　幀　清水良洋・宮崎萌美

田中宣一（1939～）

ISBN978-4-642-75773-7